楚狂人语录

我只爱自由不爱财富,但是不巧的是财富决定自由,所以我只好追求财富。我的座右铭:脑袋决定口袋,口袋决定自由。

楚狂人语录

在这全球金融动荡的时刻,是危机也是转机的财富重新分配时刻,让我们一起做好准备,向财富自由之路出发。

楚狂人 著

楚狂人股市投资SOP
（标准流程）

中国青年出版社

序言 Preface

致大陆股民朋友

中国上证指数从2006年开始起涨,两年内创下指数大涨五倍的纪录,接下来又在一年内从6000多点跌到只剩1/3不到,这三年的盘势像坐了云霄飞车似的疯狂大涨又大跌,完全是1990年台股翻版。当时台股指数也是涨了好多倍到12682点,之后,在一年之内崩盘到2485点,后来又花了7年才再次站上万点。

这是所有新兴市场从未开发到已开发过程中都会经历的一段资金推动浪潮,接下来也都会因为资金的退出而大跌。

什么时候沪深股市才能重返荣耀?

要有点耐心。因为即使像台湾这种比较容易人为操控的浅碟型市场都花了7年才站回万点,何况是更大更不易操控的沪深股市了。从2007年崩盘到现在也才5年，很多投资人、投机客亏损的钱还没赚回来，受到的创伤也还没抚平，要再次冲高自然会比较难。

但是市场即使没有再次冲上6000点，股市赚钱还是大有机会。以台湾经验来看，台湾股市在2000年涨到10256点，后来12年都没有再次突破万点，但其间有不下四次超过3000点的大行情，个股涨幅超过十倍的，不是一只两只，而是一大片。

上证指数现在才2000点出头，只要涨到3000点就会有很多好股票涨幅达三五倍以上，涨到4000点就会有涨七八倍以上的个股，问题只在于你能不能找到这些股票，并且赚足整个波段罢了。

这两本书能带给你什么？

我操作台湾股市已经十几年了，从一开始乱做赚钱、赔光负债，到下苦功学习、测试、做实验如何提高操盘胜率，再到赚多赔少，现在的我即使是遇到大空头也能获利。光是2008年金融海啸台股崩盘那次，我就赚了八位数。

这两本书把我平时的操作程序化，从早上开盘前要观察什么，到盘中怎么操作，盘后怎么规划盘势，到选股怎么选都一步一步分解成SOP（标准流程）教你。无论你是初学者还是做了几年也没办法稳定获利的老手都能学到，而且都是我自己的实战经验，你在别的书上很难找到。

股市不容易，不然也不会平均十个投资人有八个亏损，一个不赚不赔，只有一个赚钱。如何从输家变成赢家，你除了需要努力学习以外，更需要知道什么是正确的股市操作观念和方法，这样才能成为资本赢家，实现靠股市创富的梦想。

楚狂人

2012年9月18日于台北

楚狂人语录

股市胜出的最大关键,就在操作纪律与心法的重要性。

楚狂人
股市投资
SOP

前言
为什么操作股票需要SOP

十几年前，当我还在念大学时，就一脚踏入了股市投资的领域，努力地学习操作股票。随着时间及经验的累积，终于能够有稳定且令人满意的投资胜率及报酬率，我重新检视自己的操作习惯，发现其实我每天不过是在重复做一样的动作而已，所以才想将投资股市的标准作业程序（SOP）与大家分享。

为什么操作股票需要SOP？因为股市胜出的最大关键，就在操作纪律与心法的重要性。

从开始写财经部落格（博客，后同）到成立投资论坛，接着出书、成立玩股网，到现在已经有几百万投资人看过我的文章或上过我的投资课程，当面或在网络上直接交谈的也超过千人，我发现投资人可以分成几种：

① 股市新手

从没进场过，只听过亲友的惨痛经验，后来存了些钱，觉得定存利息实在太低，而决定要试着投资理财的人。约占25%。

② 长期亏损散户

之前买过股票，不过完全搞不清楚为什么要进场买，为什么选这只个股，什么时候该出场，进场点在8000～9000点以上，买进没多久就遇到崩盘，不知道该怎么办，只好继续抱着的人。约占30%。

③ 老股民

看过一些投资理财书籍，自己有兴趣研究，习惯观察技术线型指标，不过老是赚不到什么钱，空头来了不敢放空，抢反弹总是被套，即使是大多头也时常因为做太短，一个多头小修正就以为要崩盘，手中股票两天不动就换股，结果换的股票下跌，卖掉的起涨。从做了几年的年轻股民到做了二十几年股票的老股民都有，两者的共同点就是总结下来都是赔钱的。约占35%。

④ **积极型投资人**

有自己的操作习惯，也持续获利，进场出场有一套准则，而且已经不太会犯一些初学者常犯的毛病，唯一问题在于自我期许太高，所以觉得自己的进场点与出场点还可以更好，每一笔单还能赚更多。约占10%以下。

当然还有一些每年赚三倍的神人，不过这种人因为太少，我一直无缘碰到。

所以，除了还没有经历过一次完整多空头，进场点刚好就是空头转多头的相对低点（例如2008年年底到2009年初那几个月），觉得做股票没什么难度的股市新手以外，其实大部分的投资人不是没赚钱就是赔大钱。

问题到底出在哪里？

正确的投资股票SOP，让你轻松致富

前几个月跟一个上班族网友聊天，聊到我每天的生活，尤其是之前还没有创立玩股网，单靠投资盈余过活的时候，那位网友十分好奇我每天是怎么做功课、怎么观察盘势，才能赢多输少。我讲着讲着，突然发现我每天竟然都在做一样的事情，从早

上起床到晚上睡觉的18个小时，其实每天都大同小异，那时我才惊觉：原来投资股市竟然是有SOP的！后来我把SOP逐条整理出来，让那位网友参考，他边消化边修正自己的投资行为，模仿我从早到晚的操作模式，结果竟然让他的投资绩效大增。

后来他跟我说，因为参考了我的SOP，让他投资理财的观念和行为有180度的大变化，这大大激励了我，让我忍不住想把经验与读者分享，恰巧出版社邀约出书，就很自然地有了这本书的诞生。

我之前是在家工作的专业投资人，后来自己开公司，和一般上班族比较不一样的是，我的时间比较自由，因此这本书虽然是以我自己的操作为主轴，也会以那位绩效大爆发的网友（他姓王，文中会叫他老王）的情况来做补充。所以无论你是上班族，或是和我以前一样是个专业投资人，都可以参考书中的观念、经验和操作技巧，相信对你的投资绩效一定会有很大的帮助。

学会这本书的一些观念和简单操作技巧，其实已经可以在股市赚钱，只要每天规律地把该做的事，该做的功课做好，照着投资股票正确的SOP去做，你也一定能够靠投资股票轻松赚大钱。

楚狂人语录

99%的散户都缺少的赢家特质——耐心。

007　**序言**　致大陆股民朋友

011　**前言**　为什么操作股票需要SOP

1. 实战技巧篇

025　**第一章　【早上的准备】**

从观察美股收盘及亚股开始：
利用外围股市提高操盘胜率

- 美股盘势强弱参考性强
- 日韩股影响台股开盘，美股与台股联动性强

　　这章开始讲解操作技巧，从一早看美股收盘报价揭开序幕，深入观察美国股市和亚洲股市，提前预测台股开盘强弱，进而决定当天的操作方式。

033　**第二章　【收盘前】**

准确判断股票进出场点：
停损停利的观念与技巧

- 巴菲特不必停损，不代表你可以照做
- 移动停损取代停利，搭配均线提高胜率技巧

　　本章教你如何利用停损点移动法操作股票，从最基本的停损出场，到移动停损的实例操作，再利用移动停损的基础，加上进阶技巧，提高判断底部的操作胜率。

043　第三章　【盘后做功课】

技术分析提高胜率技巧

- 判断多空头的技巧：一条线搞定
- 以季线判定进出场，不被心魔动摇
- 均线可以如此简单又好用
- 跌破月线就买进或加码，跌破季线就出场
- 用均线技术操作投资好处多
- 停损点移动法搭配季线使用，降低风险
- 如何用量能和价格来选出飙股
- 飙股特征：爆量长红
- 网上智能选股功能，找出长红爆量飙股
- 用"突破整理区间"+"爆量"，选出强势个股
- 加上"五日均量大于1000张"选股更有胜算

　　本章两大重点：1. 如何利用均线帮助判断股市多空，搭配量能指标，判断进场时点，提高操作胜率。　　　　　　　　2. 介绍网络智能选股程序、条件，精选个股，最大化操盘收益。

087　第四章　【晚餐后的工作 I 】

私藏选股三大秘技

- 先从类股中筛选出强势类股
- 再从强势类股中精挑强势个股
- 强势股买进秘技，让绩效差很大

本章利用强势类股的特性，教你如何从2000多只股票中选出真正的飙股。

105　第五章【晚餐后的工作 II】

精准预测未来行情走势

- 投资人的三阶段
- 规划行情的八大要点
- 久盘必跌？五大关键找出真正行情

运用前几章所有教过的技巧和观念，综合多项判断指标来帮助规划未来盘势，并以实际案例一步步教你如何规划行情。

121　第六章

逢低买进、逢高卖出必学秘技

- 四个简单方法，真正做到"逢低买进"
- 九个特征，判断逢高卖出

本章补充"逢低买进"的四个方法，以及判断"逢高卖出"的九个特征，让你在操作时能洞烛机先，掌握进出场的关键时间点！

2. 投资观念篇

137　第七章

基本面？技术面？
股价涨跌的真相跟你想的不一样

- 小心你得到的消息是否可信
- 投资股票只需掌握两大重点

　　本章主要教你认清台股市场的黑暗面。操作台股看基本面、消息面都是很危险的，财报和利多利空消息都可以作假，因此与其被假消息所骗，不如学好技术分析操作。

145　第八章

邪恶的外资法人与不可尽信的媒体

- 听信外资，让我受伤惨重
- 媒体也一样，曾不止一次让十几万读者赔大钱
- 免费得到的消息股，是裹着糖衣的毒药

　　这一章介绍邪恶的外资法人骗死人不偿命的惯用

伎俩。消息灵通的外资竟然会报出百发百不中的盘势预测，这实在很难让人对外资报告不产生合理的怀疑。同时也把很会说故事的某杂志的具体害人事实，毫不夸饰地揭露给大家。再次提醒股民朋友，不要看这类杂志有关股市投资的文章，否则一不小心就会被说服而胡乱操作，导致赔大钱。

157　第九章

新手到高手的最速快捷方式
——做一份自己专属的投资日志

● 新手写投资日志加速经验累积
● 老手写投资日志更精准掌握盘势

　　股海无涯，唯勤是岸。为什么有些老股民操作股票二十年，还是摆脱不了赔钱的命运？为什么有些厉害的投资人一两年就从新手晋升为高手？本章告诉你如何有效率地练功，在最短的时间内成为赢家。

165　第十章

投资金融商品最重要的一件事——资金控管

● 风险越高的投资占比要越少

　　资金控管是投资胜负的最后关键，本章介绍如果资金控管不善会有什么致命伤害，做好资金控管又可以得到什么好处。

171 第十一章

选择适合自己的投资方式

- 不是每个人都适合拿巴菲特当偶像

　　本章带给你一个很好的投资观念：进场前先了解自己的个性，找出适合自己的投资方式，才是获利的保证。

175 第十二章

股市投资的必备商品——ETF

- 台湾基金的局限
- 买基金一定赚，是真的吗
- ETF才是最好的基金

　　解释台股股票型基金的优缺点。直接找出过去血淋淋的例子，说明不建议操作这类基金的原因，介绍ETF的优点与正确的操作方法。

189 附录（摘自玩股网http://www.wantgoo.com）

- 网友心得分享
- 给网友的一封站内回信
- 来自台湾出版社的公告

实战技巧篇

1

楚狂人语录

人的价值就在于你选择"知难而退",还是"知难而进"。

楚狂人
股市投资
SOP

第一章 【早上的准备】

从观察美股收盘及亚股开始：
利用外围股市提高操盘胜率

- 美股盘势强弱参考性强
- 日韩股影响台股开盘，美股与台股联动性强

　　这章开始讲解操作技巧，从一早看美股收盘报价揭开序幕，深入观察美国股市和亚洲股市，提前预测台股开盘强弱，进而决定当天的操作方式。

自从有一天终于醒悟，晚上熬夜看美股并不会对投资绩效有多大帮助，我就决定每晚不要超过12点睡觉，甚至为了不影响睡觉情绪，也刻意不看财经出货台或网上的美股实时报价，毕竟如果当天留股票或期货多单过夜，却梦到美股崩盘，那是多么可怕的事啊！

每天早上5点多起床，我固定做的第一件事，就是开计算机看前一天的美股收盘状况。趁着开机的空当去刷牙洗脸，一切得在洗手间解决的事情都解决之后回到书桌旁，计算机已经开好机，打开平常习惯看美股的网站，"嗯~~！道指下跌100点。"把走势图拉远一点，发现还在盘整区间波动，"真是个没创意的走法。"我小声抱怨着。美股已经盘整好一段时间了，在这种盘整区间做股票会比较难获利。

用这样的方法来看美股很重要，看国际股市一定要有好习惯，要深入一点看。什么叫深入一点？就是把美股当台股看。大部分的投资人虽然都会看美股，不过都是早上在收音机或网络新闻上看美股收盘涨跌，涨100点就是大涨，而跌100点呢，一定会看到令人惊悚的新闻标题："美股大跌百点！……"其实美股涨跌100点也不过是不到1%的事情，就好像台股在7000点时一天涨了70点，大家会觉得是暴涨吗？似乎大家对于美股都是胡乱看一通。

美股盘势强弱参考性强

那么怎么看才对？第一步，请到Google财经网（http://

图—1

www.google.com/finance），找到道指点击进入，可以看到这张道指的历史走势图（见图-1）。

你可以在网页上选择时间长短，从一天、一个月、一年到有史以来的走势，都能够自己调整。有些朋友会觉得这个线图看起来怪怪的，和平常看的K线图不太一样，那是因为这个网站在看短期时把每天的走势图都连在一起，如果时间拉长就变成只把每天的收盘价连在一起之故。并不像我们一般看到

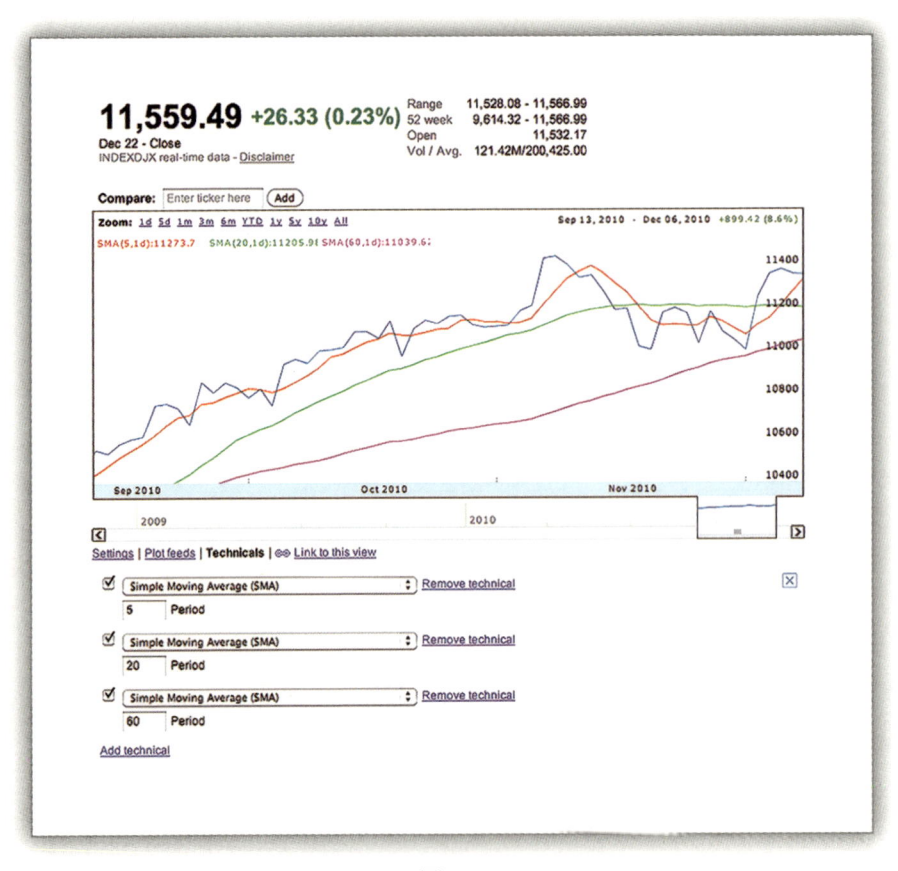

图—2

的由开盘、收盘、最高、最低四个价位组合出来的蜡烛线K棒（Candlestick），如果你真的看不习惯，还是可以调回蜡烛线，只要在网页右下方把预设的Line改成选Candlestick就可以了。

单看线图看不出个所以然，这时就需要帮它加点料，按下网页上的Technicals也就是"技术分析"，里面有多种技术分析指标，像是均线、RSI、KD值……先单纯点看均线就好，我把5日、20日、60日均线加上去，这样就能看出现在美股的盘势强弱情况了（详细均线观念与技巧的内容在第三章）。

以图-2的情况来看，可以很清楚地看出几件事：

① 现在美股站在60日均线之上，算在多方势中。
② 5日线＞20日线＞60日线，所以目前呈现多头排列。
③ 近期是高档盘整，今天收盘价在波段高点附近。

日韩股影响台股开盘，美股与台股联动性强

你一定想问：深入看美股要干吗？我们是做台股，又不是做美股，每天这样看美股会不会太累了一点？

很多朋友都曾这样问过我，我说台股和美股之间的联动关系很强，如果能深入观察美股，会更清楚时常混沌不明的台股盘势。我每次规划台股未来走势时，有40%左右的比重是参考外围股市强弱。

当朋友听我这样讲时，大部分都会被挑起好奇心，台股与美股的联动很高吗？大家还以为只有开盘会被影响而已。结果当我弄了一张图给他们看时，所有人都被说服了。

你可以自己到我刚刚提过的Google财经网设定道指走势图。如图-3。

网页左上方有个Compare，在Compare右边的空格输入台股的代号 .twii，这时会看到道指走势图上多了一条台股大盘的线图（图-3中的红线），然后不管时间轴怎么调，两者之间明显是

图—3

兄弟，今天你高一点，明天我高一点，二者联动性非常强。

现在回到早上5点多，我发现美股还在盘整区间振动。对照台股，就可以知道台股最近也是在盘整区间，如果没有有效突破盘整上缘，最后终究还是得下来。但如果能够有效突破盘整区间，就此可以海阔天空，股票是否可以再次进场，这就需要边走边观察了。

看过美股走势，我心里有个谱以后，再参考一下其他指标，就可以开始写分析文章给网友参考了。

到了8点半,打开看盘软件的同时,来看看比咱们早一小时开盘的邻居日本、韩国股市的开盘情况,嗯～～!低开高走,开盘下跌1%,结果慢慢爬上来,现在只有跌0.5%不到。很好!如果没有意外,到台股开盘前会涨到只小跌一点点,这样台股通常也会跟着小跌开出,反而不会跟下跌百点的美股。

金融市场最重要的就是时效性,美股大跌的时间已经经过四五个小时了,影响力逐渐减退。现在最新的是日韩股走势,因此以开盘来说,台股受日韩股影响会比美股还要大。当然日韩股对台股主要是影响开盘,如果将时间拉长一些来看,美股与台股的联动会比较密切。

楚狂人语录

操作股票什么都可以不会,停损点移动法一定要会。

楚狂人
股市投资
SOP

第二章 【收盘前】

准确判断股票进出场点：
停损停利的观念与技巧

● 巴菲特不必停损，不代表你可以照做
● 移动停损取代停利，搭配均线提高胜率技巧

　　本章教你如何利用停损点移动法操作股票，从最基本的停损出场，到移动停损的实例操作，再利用移动停损的基础，加上进阶技巧，提高判断底部的操作胜率。

下午1点过后，也就是在台股收盘前半小时是一整天最重要的时刻。不管今天股票是开高开低，到了尾盘都可能来个风云变色，尤其是收盘价更是非常重要。我通常会在此时把今天手上的持股抓出来检视一遍，跌破停损和满足停利的出场，满足进场条件的在尾盘时进场。所以即使在开盘和盘中都不看盘，尾盘起码要关心一下。

巴菲特不必停损，不代表你可以照做

如何停损停利出场，又该怎样进场买股？

停损是大部分投资人最痛恨，也最难以克服的动作，但如果要在股市稳定获利，停损就是无法逃避的必要之恶。我想有些人会心存侥幸，准备提巴菲特当反例："人家股神巴菲特也没在停损，还不是可以赚到几百亿美金，停损根本是一种似是而非的操作方法。"

没错，巴菲特的确很少停损，即使进场后被套牢或轧空也会拗单，而当我们把他老人家投资习惯放大仔细观察之后，发现他的操作习惯和一般散户有很大的不同：

巴菲特进场点足够低。以台股来看，大概等同于没有跌到5000点以下绝不进场。如果一般投资人也能每次都只在3000～4000点进场买股票，超过5000点就不买股，那一样可以不用停损，越跌越买就是，毕竟天不会塌下来，都到了3000多点，还能跌到哪里去？不过一百个投资人里有九十九个在3000～4000

点只想着卖股票,到8000～9000点,周遭朋友赚到了钱,电视媒体都在鼓吹投资理财的重要性,才准备进场买股,成本高了一倍有余,一杀下来起码是腰斩再腰斩,这时停损就显得很重要了。

巴菲特每天都花很多时间在研究各家公司的财报与利基点,当他决定要买进某只股票时,已经很了解这家公司在做什么、赚多少及企业前景,确定这是一只金鸡母,一只会下金蛋的金母鸡。而绝大多数投资人买进股票可能只是因为同事报消息,或是媒体推荐,问他对于这家公司的基本面、技术面、筹码面了不了解,全都一问三不知,理所当然买进的风险就高太多了。如果运气不好买到地雷股,或是买到已经涨完一大波准备由多翻空的标的,一进场就暴跌也是很有可能的,这时如果还傻傻地抱着不卖,就好像去菜市场买了一颗苹果,回家吃了一口,发现里面长虫坏掉了,不赶快丢掉,还继续一口口嗑光一样。

因为巴老买股票的习性和一般投资人完全不同,当然他可以不用停损。如果所有投资人都能像他一样做股票,那大家都不需要停损了。但是当你并不打算花很多时间在选股和等待好买点的投资情况下,停损就变成一个非常重要的动作了。

移动停损取代停利,搭配均线提高胜率技巧

如果你也同意停损很重要的话,我们就可以接着解释停损的操作技巧。

也许你会说:"停损技巧?不就跌破停损点出场吗?有啥好

讲的？"对，我就是要谈如何设定停损点的技巧，但这并不是单纯设定从买进点起算，跌破10%出场，那的确没啥好讲的，我要谈的是利用设定停损点竟然能够取代停利点，再搭配均线提高操作胜率的技巧。

操作技巧1： 停损点移动法

假设买进的价位是10元，设定跌10%出场，也就是收盘跌破9元就停损。如果继续上涨，假设涨到20元，一样是跌10%出场，也就是18元左右出场，停损点跟着股票上涨而向上移动，这就是停损点移动法。如果从10元买进，最后18元出场，停损点移动法也等于是一种停利点设定。

这个技巧的好处是，可以让投资人不会一天到晚想东想西，想说是不是已经涨到高点了，是不是要趁早获利了结；从高点跌下时，又开始想，到底该逢低加码，还是要赶快获利出场。问题变得非常单纯，反正跌破移动停损点卖出就不会错了。既可以赚到大笔的波段获利，又不会发生运气好买到飙股，却因为不知道怎么下车，而总是从山底抱到山顶，再从山顶抱回山底，账上富贵一场的衰事。

这个10%是我自己的标准，你可以设定5%～20%都行。唯一要注意的是，碰到移动停损点位千万不要舍不得，卖就对了。不要想着不知会不会卖在最低点，会不会今天卖了明天就开始涨。明天会不会涨是明天的事，要不要再买回也是明天的事，今天跌破停损点就出场。每一次出场都是一个终点，下次再进场是另一场比赛，两者完全不相干。我有几次是把股票在150元卖掉，160元去追回来，结果涨到250元。如果我当时想卖掉以后就不买回，那自然不可能赚到160～250元之间的利润。反之，例如150元卖掉，结果跌到50元的次数更是数不胜数，如果舍不得砍单，下场铁定十分凄惨。

再说得更详细一点，如果从10元涨到20元，以10%来算的话，18元要出场，这个20元是什么？收盘价、最高价、最低价还是开盘价？我自己的习惯是设定盘中最高价为参考，也就是说当盘中涨到20元就成立。即使收盘收黑跌到19元，一样以20元当高点，高点往回算跌了10%（20×10%＝2），18元为停损点，不过这时我就会看收盘价是否跌破18元，而不会单看盘中低点，等收盘跌破18元才会出场。

移动停损法不只是买股票时可以用，放空股票也很好用。举例来说，在100元放空，涨到110元以上就出场，如果最低跌到90元的话，出场点位就是99元，一样是90元的10%。

学会移动停损法之后，理论上来说，你操作起来应该会比较有信心，不会进退失据，不知到底该不该卖，这是一个可以帮助你投资路上走得更顺遂的操作技巧。

操作技巧2：股市探底的赚多赔少移动停损技巧

这个技巧主要使用在大跌后想要进场试单探底的时机点，可以让大家探底时即使失败也不会受重伤，而且如果进场点真的是底部附近的话，很轻易地就可以大赚波段。

方法如下：在下跌走势已经持续好几个月之后，约有一两个月都未再次跌破低点，这时请把你手上的资金分成十等份，一开始可以先拿大约第一等份的资金进场试单买股。如果你打算投资的钱不够多，先拿五分之一也不打紧，但是最好不要超过五分之一。停损点可以设宽一点，例如10%～15%，要是运气好有赚钱就往上加码，每一次进场一等份（1/10）就好，然后等到最后一次加码的股票跌破停损点的时候，一口气把全部股票出场。慢慢再找下一次进场的时机点。

这样操作有几个好处：

如果很倒霉，第一次进场的资金就跌破停损了，那受伤也很有限，10%×10＝1%，即使亏掉1%的资金，也不会太受伤。

当真的买到底部附近时，上涨后搭配加码单可以很快速地获利极大化。举个例子，假设买一档股票在100元，拿1/10的资金买一张，涨了5%再加买一张，现在变成1张的成本是10万元，另一张成本10.5万元，再涨5%再加买一张。假设最后波段高点涨到150元，回跌到135元时全部出场，这样总共会获利35＋30＋25＋20＋15＋10＋5＋0－5－10＝125（千元），获利12.5万元。总成本为122.5万元，所以投资报酬率为125000/1225000＝10.2%；如果最后高点是涨到200元，出场在180元的情况下，总共获利为80＋75＋70＋65＋60＋55＋50＋45＋40＋35＝575

（千元），获利57.5万元，总成本不变，最后的投资报酬率为575000／1225000＝46.9%。不要觉得获利不如在底部就押十成单，用这招操作，即使判断错误（猜底部常会发生的悲剧）也只会小亏一点点。

这种操作技巧适合用在大跌后试单的情况，例如图-4，这就是2008年11月到2009年1月，遇到从9300点暴跌到3955点的

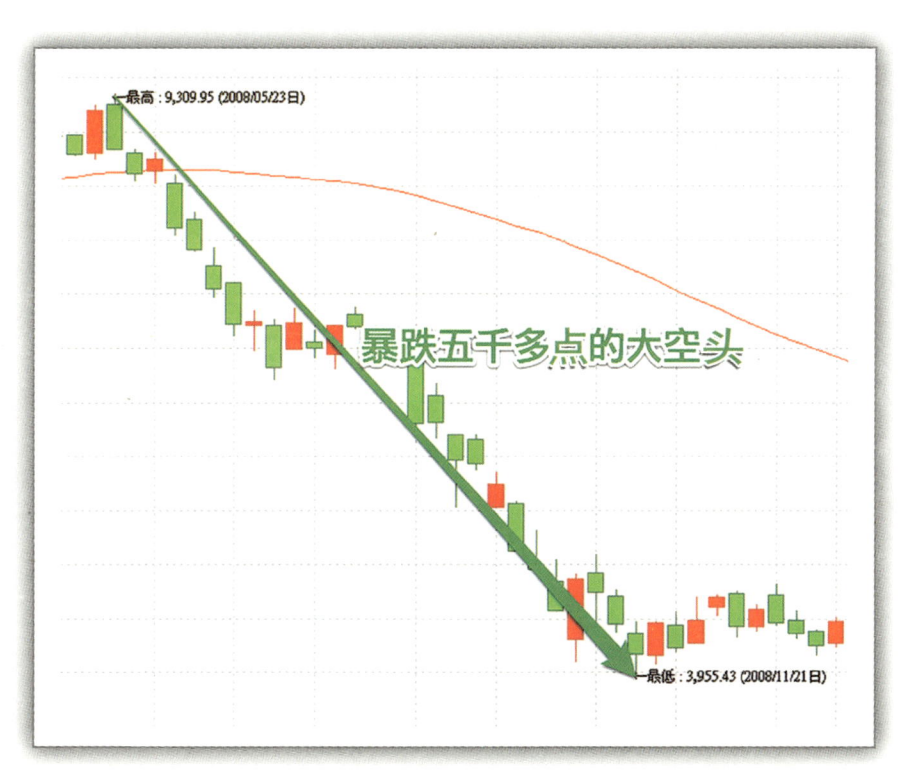

图－4

大空头，谁也不知道确切底部在哪里，而且当时媒体每天充斥着经济有多差的消息，大家每天被恐吓可能丢掉饭碗，整体市场信心非常脆弱。

这时最适合用这种操作方法，因为虽然无法知道真正底部到了没有，不知道还会不会再跌，跌到4000点附近总不会是高点吧。所以用这种摸石头过河、有赚才加码的谨慎操作方法，就可以达到看错赔得不多，看对就大赚的理想状况。

楚狂人语录

进入股市的第一步绝对不是选股,而是要先判断现在是多头还是空头。季线之上,看多做多不做空;季线之下,看空做空不做多。

楚狂人股市投资 SOP

第三章 【盘后做功课】

技术分析提高胜率技巧

- 判断多空头的技巧：一条线搞定
- 以季线判定进出场，不被心魔动摇
- 均线可以如此简单又好用
- 跌破月线就买进或加码，跌破季线就出场
- 用均线技术操作投资好处多
- 停损点移动法搭配季线使用，降低风险
- 如何用量能和价格来选出飙股
- 飙股特征：爆量长红
- 网上智能选股功能，找出长红爆量飙股
- 用"突破整理区间"+"爆量"，选出强势个股
- 加上"五日均量大于1000张"选股更有胜算

  本章两大重点：1. 如何利用均线帮助判断股市多空，搭配量能指标，判断进场时点，提高操作胜率。2. 介绍网络智能选股程序、条件，精选个股，最大化操盘收益。

收盘了，赶快趁下班回家吃饭前来做做功课。我习惯当天就把功课做好，规划好隔天的走势。通常我会先预测明天的走势，想好如果明天照我的规划走，我可以怎么样把获利极大化；如果明天没有照我原先预期的方向走，我又应该怎么应对。这样隔天开盘才不会一下子慌掉，尤其是遇到大跌盘势，很多人一下子就面临大幅亏损，不知道该怎么处理，不知道该怎么减少亏损，结果可能出现除了跳空大赔，再加上反做又被掴耳光。做期货可能一天就断头，做股票一天就亏掉15%，这时候就显出事前规划的重要了。

规划走势，并不是单纯把手中持股抓出来看而已，还要搭配大盘一起观察。很多人可能会问："为什么要看大盘呢？又没有操作期货，而且时常听人说选股不选市，只要选对股票，不管大盘涨跌一定还是会赚钱的。"

乍听之下有道理，但其实这是很可怕的谬误。别不相信，请回想一下，你有没有哪一次在大空头时做多股票大赚？2008年金融海啸时有吗？2004年两颗子弹时有吗？2003年的SARS？2000年网络股泡沫？应该都没有吧！在遇到大空头时，能够不赔钱就很不错了，更不用说赚大钱了，这就是因为在多头时绝大部分股票会上涨，空头时绝大部分股票会下跌。只有一种情况可以选股不选市，那就是在大盘盘整休息时，会有个股表现的空间，但是只要方向一出来，不管是向上走还是向下走，通常要逆势做单赚钱的难度都很高。大盘跌了5000点，2000多只股票里面可能只有一两只是上涨的，要选到这种股票几乎不可能。所以，我说"选股不选市"这句话，其实是投顾老师为了招收会员所想出来的广告词罢了。

因此我时常告诉投资新人：进入股市的第一步绝对不是选股，而是要先判断现在是多头还是空头。如果判断出现在是多头走势，才来想选股的问题；如果发现是空头，请不要妄想能在2000多只下跌的股票当中选到飙股，不如去买彩票还比较有希望。

那如何判断现在是走多头还是空头呢？

判断多空头的技巧：一条线搞定

我教你一个很简单的判断方法：一般常看到的K线图，每根K棒代表当天成交的最高、最低、开盘、收盘价，当天所有成交的价位都介于最低到最高之间。也就是说，当天所有买这档股票的投资人的买股成本都在最低到最高之间，这根K棒的平均价格就等于所有当天买进这只股票的投资人的平均成本。在此先把问题单纯化，暂时不考虑成交量分布，只看价格决定。

这段时间内，所有K棒的平均价格连起来的线就称为均线，刚才提到，一根K棒的平均价格等于当天买股的成本，所以多根K棒的平均价格连起来的线就代表这一段时间内所有买股票投资人的平均成本。

5日均线就是这五天内买股的人的平均成本，20日均线就是

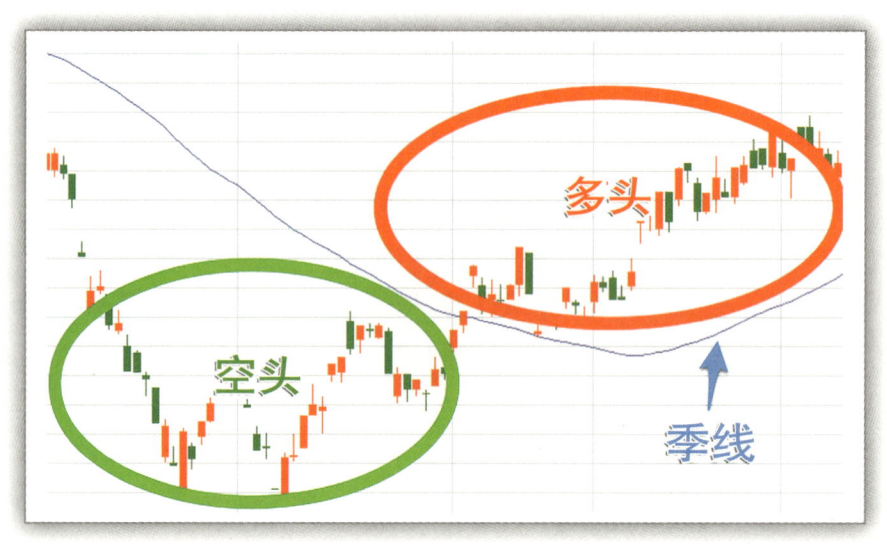

图—5

这二十天内买股的人的平均成本，60日均线以此类推，我想你一定已经能举一反三了。

当你有了这个均线＝成本、成本＝均线的概念之后，接下来我就要教你如何简单看出现在是在走多头还是空头。

图-5是某档股票的日线图，图中那条线是季线，也就是60日线，三个月以来K棒的平均价格连成的线，我定义如果今天大盘收盘价在季线之上就是走多头，当大盘收盘价在季线之下就是走空头。多头时就可以考虑买股，而空头时就是时辰还没到，等到了再说。

为什么要这样定义？还记得我刚刚讲过均线的定义吗？均线是投资人买股票的平均成本，所以60日线（季线）就是这一季以来投资人买股票的平均成本，如果今天大盘收盘价在均线之上，代表这一季买股票的投资人平均来说是赚钱的，反之当收盘价在季线之下就是赔钱的。想想看，当这三个月买股票的人都在赔钱，当然可以很直观地判断出现在是空头，反之就是多头，很合理吧！

这很重要，进场买股票以前，一定要先判断现在是多头还是空头，这短短一秒钟的动作会大大影响你整年的投资绩效，千万不能省略。

这个判断方法，不论是大盘和个股都适用。

以季线判定进出场，不被心魔动摇

这方法乍听之下非常简单，但是每次我教学生这招，他们在实际操作上都会遇到问题。你一定无法理解，为什么这么简单的判断方法还会有问题，对不对？

请想象一种情况：我们先前讲过，投资人进入市场的第一步是要先判断多空。多头才进场，空头就应该空手，然后季线是多空分隔线，季线之上为多，季线之下为空，所以当股票跌破季线，我们应该要把股票卖掉才对，但如果现在你手中有一档很看好的个股，据说是从公司高层传出来的消息，昨天不幸跟着大盘下杀跌破季线，不过仅仅跌破0.5元，这时投资人心里就困惑了："会不会是假跌破？""现在出场会不会出在最低点？""如果今天被洗掉，明天直接跳空开高、走上涨波段怎么办？"要是再加上今天停损的话，会马上损失十几万元，请问你会不会想再多给它一次机会，等反弹再出场好了。

我想大部分的投资人都会说YES！

再想象另一种情况：如果一样有一档内线消息股，从底部翻扬，即将突破季线，在今天收盘时拉长红棒，最后收在最高点，距离季线只剩区区0.5元，你会不会想说要是早一天进场好了，如果明天直接跳空高开高走，今天先进场就能买到比较好的价格，甚至多赚个半支或一支涨停都有可能。

我想大部分的投资人也都会大声说YES！

这是人之常情，但是我必须说："千万不要！"这就是心魔在作祟，当你一开始设定以季线当多空分隔，就不要轻易妥协。今天只是想早一天进场，明天可能就会想着跌破停损也不妨晚一天出场，这次晚一天，下次很可能就会晚十天，跌10%出场变成跌80%，要砍也砍不下手了。当然，如果你真的很想要早一天进场，可以一开始就设定好，每一次都早一天进场，这就是操作纪律。按纪律操作就不会有心魔的问题。

切记不要这次早一天，下次早三天，再下次变晚两天，这就是无纪律的随意发挥，那是万万不行的。

话说回来，并不是每一次早一天进场就一定有甜头尝。随便举个例子，请看图-6。

2008年6月，那时从9300点跌到季线下面，按照刚刚我讲的观念，当下应该要把手中持股出掉才对。那时在季线附近一连

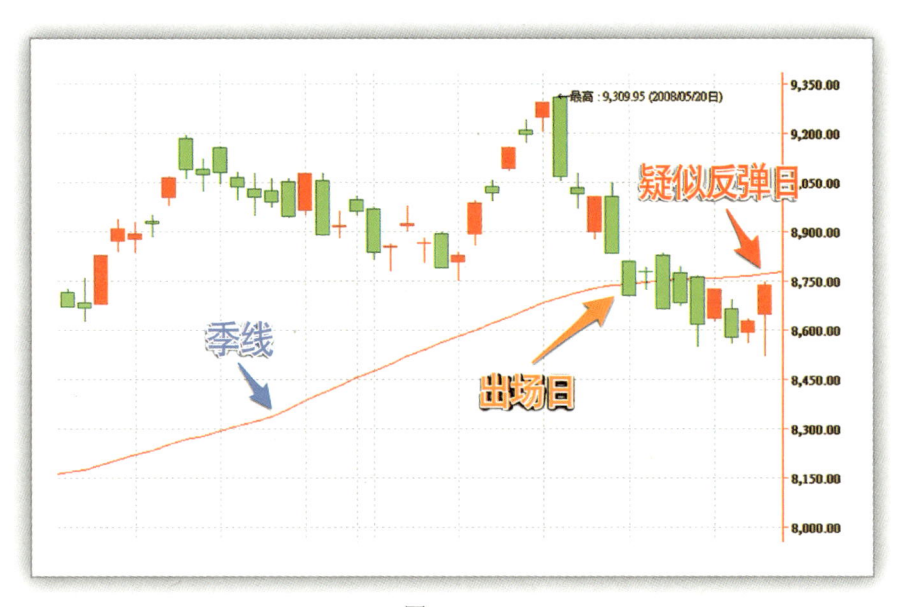

图—6

出现好几根黑K棒，不过一直涨不上去，到了红色箭头指的那天出现小红K棒。一般说来，波段跌势后的小红K棒会有止跌的意涵。到了6月5日小跳空开高，往下洗盘急杀100多点，再从低点急拉300点收长红棒，尾盘竟然拉成倒涨100多点，距离季线只有区区34点。当时全市场都一致认为这是最后洗盘，接下来台股会从8700点喷到18700点。不过请不要忘记，到这时收盘还没有站稳季线，照我们刚刚所说的，应该不能进场才对。

换作是你，会不会和一般投资人一样想早一点进场？我想大部分的投资人都会坚定而大声地说YES！

如果侥幸提早进场的话会怎样？我们把后面的走势图也叫出

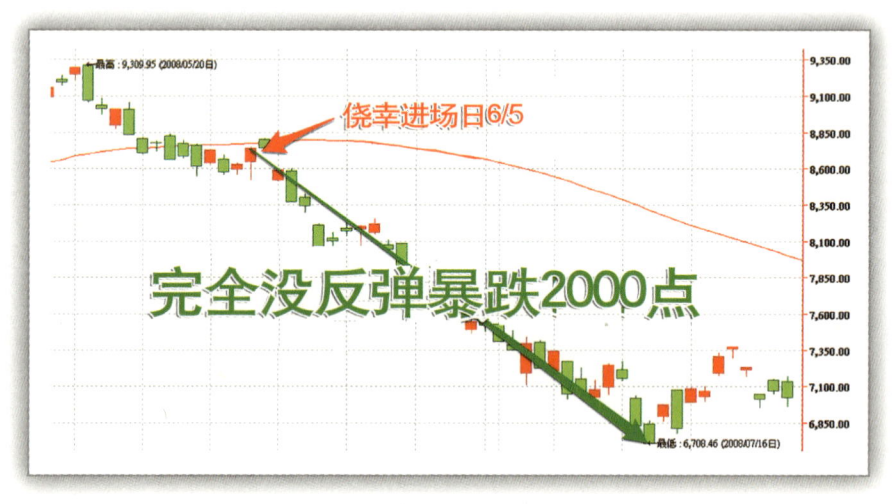

图—7

来看看（见图-7）：

箭头指的是提早进场那天，结果下场是后面连跌2000点套到死。而且大家注意看，后头走法是连续下跌→平台整理几天→再连续下跌，也就是说如果在6月5日侥幸进场惨遭套牢后，想要找个反弹出场点是找不到的，南下列车一路不停地开到终点站。

结论：季线之上，看多做多不做空；季线之下，看空做空不做多。操作股市要有自己的纪律，侥幸、自作聪明一次两次赚到钱，甚至一百次里面有九十九次都赚钱，只要有一次失败就全部归零。所以千万不能心存侥幸，那是在玩火。

均线可以如此简单又好用

为大家补充一个均线的观念。当股价往上涨的时候，不是所有站在上头的均线都是压力，只有下降的均线才会造成压力。平缓和往上走的均线并不是压力，不要单看到上面有线就说是层层压力，上升均线与下降均线的压力比起来可说是"马先生遇上了冯先生，差了不止一点"。

原因是下降均线代表大家持股成本都不断降低，说得更清楚一点，就是"有买有套、没有漏掉"。均线角度越陡峭，就是这只股票套得越深、越快，这阵子买的全部赔钱，所以一遇到股票涨回进场点位，很自然会有逃命的冲动，大家都想逃命，自然就涌现卖压，卖压涌现就会造成压力。

反之，上升均线代表投资人持股成本在增加，那意思就是股票在涨，而且涨了好一阵子了。即使之前买进有套牢，也是越套越少，整体趋势是向上走的。换句话说，买这只股票的人都可以看到远方有无限美好的未来，而且貌似越来越好，自然不急着解套出场，所以并不具有大压力。

压力方面我是这样用的，支撑则是刚好相反，下降均线的支撑力道很弱，上升均线的支撑力道强很多，因为上升均线代表这只股票近期走势是很强的，而且越来越强。所以当股价修正回到均线附近时，会有很多投资人想逢回踩买进，这就形成支撑，对股价有很大的助涨效果。

一般来说，我个人最常参考的有：5日、月线和季线，方向趋势以季线为主。不管股价短期怎么走，季线往上走且股价在季线之上，就采偏多思考，季线往下且股价在其之下就选偏空；短期方向强弱度，则以5日线判断。举例来说，多头走势三天涨300点，第四天高开50点，尾盘竟然变成跌100点。如果单从盘中江波图去看，一定就翻空了，但是我会看如果连5日线都没跌破，就当做是洗盘小小修正，继续偏多操作，甚至加码买进。反之，空头要是跌一阵子之后急弹200点，却连5日线都没站稳，那绝对是不会贸然翻多，因为很可能弹一天刚进场追多时，隔天却直接跳空大跌。这种情况在空头走势很常见。至于月线就单纯是辅助功用，加强信心和把握而已。

　　学技术分析第一步应该是均线，然后养成习惯使用它，这是最简单又最清楚的参考工具，如果你不愿多操心，甚至不看别的指标也没关系，一样可以轻松获利。

　　大家对于均线有了基本观念以后，我们就可以利用均线的特性来选择股票的进出场点。选一只你的观察股，找出20日线（月线）以及60日线（季线），当它收盘跌破月线的那天，以收盘价买进，没办法看盘的人，就隔天以开盘价买进也无所谓，然后就抱着，抱到收盘跌破季线卖出，同样隔天以开盘价卖出也可以。

　　当然你用之前讲过的几招移动停损方法判断的话，准确度会更高，不愿多花心思的投资人就直接用季线判断也没什么大关系。

跌破月线就买进或加码，跌破季线就出场

　　图-8、图-9中，我把跌破月线的地方都圈起来。跌破月线（橘色线）买进，把停损设在季线（蓝色线），通常月线和季线不

图—8

图—9

会离太远,所以即使停损也不会断手断脚(图—8,8069元太)。

第二个例子也是一样(图—9,2499东贝)。

我们可以举一反三，上述技巧除了第一次进场可以用到以外，这招也可以直接用来找加码点，同样就看图-8和图-9。假设你在第一个红圈圈处买进，那第二、第三、第四个红圈圈全都是很好的加码点。因为加码通常等拉回买进比较安全，红圈圈都是股票拉回修正的时候，所以风险相对于追高就低太多了。再加上用这招找加码点，一定会比初次买进点要高，即使出场也不会蚀到本。停损（其实应该讲停利）就直接设季线，跌破季线就全部出场。

用均线技术操作投资好处多

为什么要这样操作？大家都知道，即使是飙股也不会一口气涨到天上去，一定是走大涨小回，所以买进的时候选择修正后的相对低点会比较好。正常情况下，修正通常都会跌破月线，跌破月线代表这个月买进的投资人平均是套牢的，这样才有达到宣泄卖压的修正效果。

看上面图-8元太的例子，6月10日的买点和8月5日、8月17日的买点有些不同，虽然三个买点都是跌破月线，但是6月10日那时是从高点跌下来，属于空间型的修正，而8月这两个买点并没有跌太多，纯粹只是没有涨，这是属于时间型的修正。两者虽然感觉起来差很多，但妙的是不约而同都能够有效地宣泄卖压。前者是因为会有些人买在高点，跌破月线就套牢不少（大约25%），自然会有人想先停损认赔，这很直观；至于后者，有些朋友可能会觉得怪怪的，为什么明明没有跌，却还是能宣泄卖压呢？这时请把自己想象成当时持有这档股票的投资人，当时是多头，大部分股票都是上涨的，但是元太却是整整一个半月没有动，你想象一下当周遭的亲戚、朋友、同事都说他手上股票又涨停，你手中的元太却死气沉沉地动也不动，你会不会想换股？相信大部分投资人都会，这就是时间波修正也能宣泄卖压的原因，因为这会让不耐久盘的投资人卖掉这档股票。

为何跌破季线就要出场？是因为一般会大涨的股票都不会随随便便跌破季线，时常跌破季线的就不会是飙股，再加上之前我们说过季线是多空分隔线，跌破季线应该把股票卖掉，所以设定季线为出场参考。

这样操作的好处有哪些？

不会过度追高，因为从高点下跌到跌破月线，其实已经跌了不少，所以不会发生买在最高点、现买现套的衰事。

赔钱也赔得不多，因为月线和季线一般不会相隔太远，所以如果跌破月线那天收盘才买进，跌破季线就卖出的话，即使这次是停损出场，也不会赔到三五成之多。

这个方法除了第一次进场以外，还可以当做加码单的操作方式，所以可以轻松达到获利极大化，而且因为是向上加码，也就是有获利才加码，和一般让人家破人亡那种亏损还摊平的操作是完全不同的，不只是过程完全不同、感觉不同，最后的成果也完全不同。

特别要说明的一点是：这种方法在空头不能用，也没有机会使用，因为空头的时候大多数时间月线都在季线之下，所以买进条件根本不会成立。

停损点移动法搭配季线使用，降低风险

当大家学会利用季线有效判断多空之后，我们可以再加强前面移动停损的技巧。虽然之前教过的方法已经很好用了，但如果你不满足，还想要学得更多，教你一个更进阶的判断方式——把停损点移动法搭配季线使用。

为什么要搭配季线使用？因为有时把股票停损点设得太宽（例如15%），常会碰到抱上去又抱下来的窘况，明明曾经账上获利超过10%，结果卖股却是卖在成本以下，那会让人很窝火。而搭配季线一起操作，就不一定要等跌到停损点以下才卖股，如果是100万元持股，并不一定要赔到15万元才出场，如果满足季线操作法的卖股条件就先出场的话，可能只赔3%或5%，赔3万元停损和赔15万元才停损的差距十分大。

那会不会反而卖得比停损点还低？当然不会，股票如果先跌破季线操作法的点位，就照此法卖股，要是先跌破停损点就照停损点移动法卖股，反正找点位高的卖就对了。

季线操作法判断方式：

① 当股票跳空跌破季线，并且盘中高点没有触碰季线时，股票可以在尾盘卖掉（见图-10）。

图-10中，股价虽然在季线附近上上下下震荡，不过只有绿

图—10

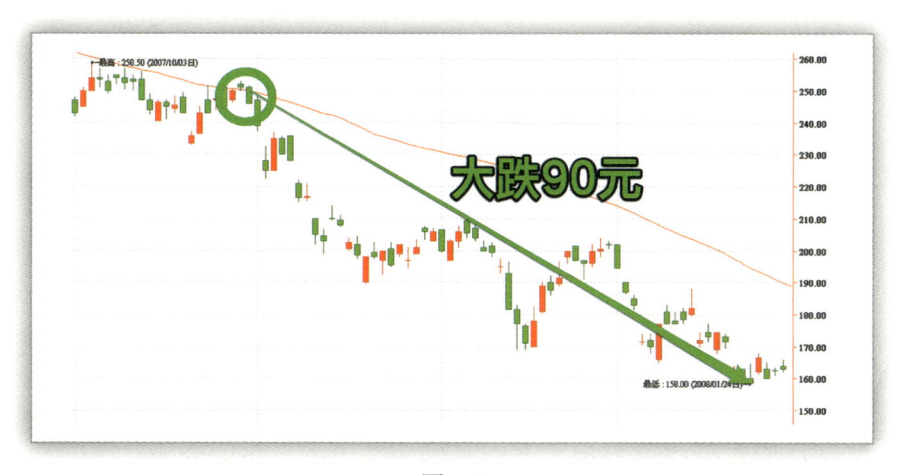

图—11

色圈圈处是同时符合"跳空跌破＋盘中高点没有碰到季线"的条件，后来也真的就连续跌了40元。

② 当股票由上往下穿越季线时，收盘距离季线超过2%，股票可以在尾盘卖掉（见图–11）。

图—12

图中遇到向下穿越季线＋大跌超过2%，后面就真的一路向下。后来再也没有站回季线，在三个月内暴跌90元。

③ 跌破季线（不管怎么跌破的），三个交易日内收盘价没有涨回季线以上，股票可以在第三个交易日尾盘卖掉（见图–12）。

跌破季线可能有很多原因，例如受美股大跌的影响，或因为被台股大跌拖累，或是因为一些天灾人祸导致个股当天下跌。这无所谓，金融市场本来就因为影响行情变量太多，所以常会有些不正常的走势。但如果这只股票是飙股，不小心被大盘或其他任何原因错杀到跌破多空分隔线（季线），那就还好。但是务必在三天内要站回季线之上，才能证明是飙股，不然的话就只能忍痛把它砍掉。

季线操作法很容易判断，简单来说就是破季线的力量够大，就闪人，而跳空的力量和长黑K的空方力量都是很大的。

我猜大家看到这里不免想问：那是不是可以直接用季线操作法操作就好，停损点移动法可以丢掉了？

当然不行，停损点移动法是由你买进股票的点位去决定的，而季线操作法是单纯看季线。换句话说，如果你买进的点离季线很远（无论在季线之上还是季线之下），那停损点移动法对你来说就会比较有用，因为等到跌破季线，可能已经赔掉30%了。

如何用量能和价格来选出飙股

大家常常在各种场合听到量能，像是量先价行、量价齐扬、量能退潮……

量能有一个很重要的观念：单看量能是没有意义的，需要搭配股价与K棒来看。同样是大量，红K棒跟黑K棒的结果完全不同，当K棒遇到大量会有加分的效果，红K加大量就多头大加分，黑K加大量就空头大加分。以下用两张图来跟大家解释。

当我们遇到大量搭配红K棒，如果还加上突破均线，后面有多头大波段的几率很大。看这只股票2355敬鹏，爆量加长红涨停，后面波段涨势高达300%，这一根大量几乎是前一天成交量的

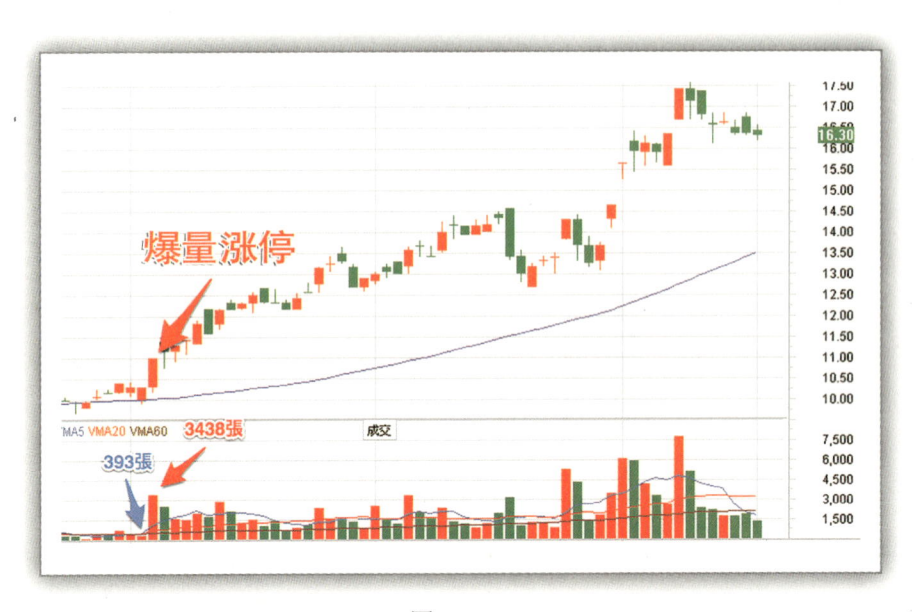

图—13

九倍，是月均量的七倍，这根大量我会把重点放在它的买单，买单把卖单一一吃光，才会造成成交价格越来越高，后来收盘更是收在涨停价，这代表当时买方力量十分强大，因为最后是锁在涨停，买方力量无法宣泄，所以后来涨幅会如此大（见图-13）。

当遇到另一种空头的情况，有个经典实例是在2007年7月26日那天，当天大盘的成交量破天荒地出现3215亿元的超大量，同时是一根长达250点的长黑K棒，这时就要把观察的角度放在卖方力量大于买方，卖方把买方的单子一一吃光，价格越卖越低，

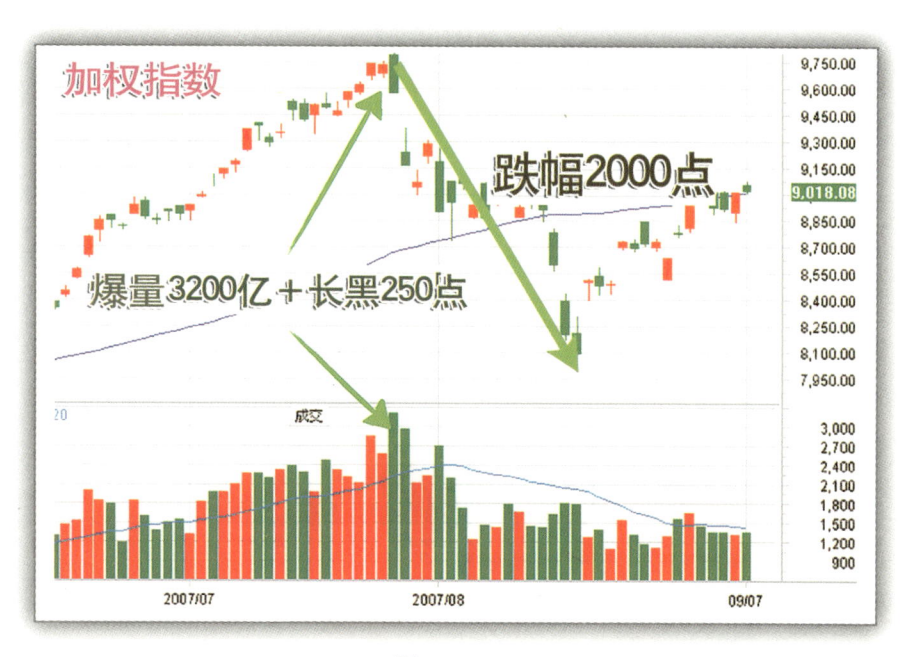

图—14

最后收盘价就是最低价，卖方力量无法宣泄，所以后面跌幅才会这么恐怖，在不到一个月内跌幅将近2000点（见图—14）。

因此，价格跟量能只有搭配来看才有意义。那么，如何利用量价观察来选择飙股？

飙股特征：爆量长红

当你做股票做久了，看到一只爆量长红的股票一定会兴奋，尤其是盘整多日之后的长红突破，总是让人期待这是下一只大飙

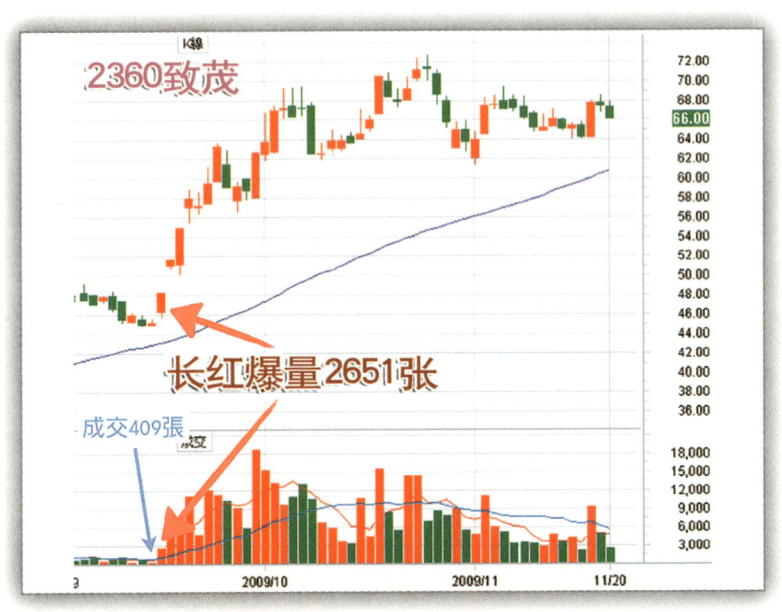

图—15

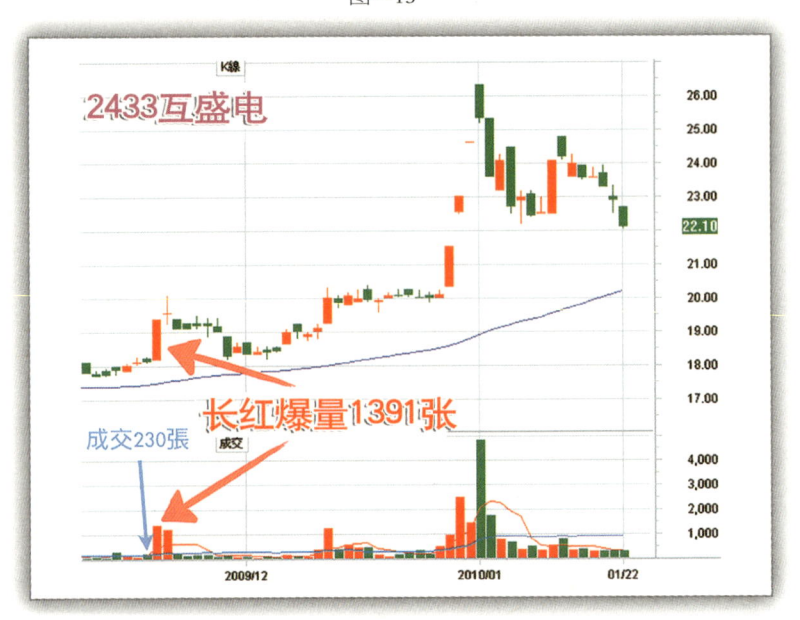

图—16

股，因为统计过往的飙股特征，发现几乎每一只飙股在一开始发动攻击时，都是由爆量长红来鸣枪起跑。看下面三个例子，像图-15，前一天成交量409张，隔天大涨＋成交量暴增六倍，后来在一个月内就从48元涨到72元。再看图-16，这个例子是前一天成交量230张，隔天大涨＋成交量暴增六倍，后来在一个半月后就从18元涨到28元，刚好也是六倍，不过并不是每次都规定要六倍才会大涨。看图-17，这个例子是前一天成交量1425张，隔天

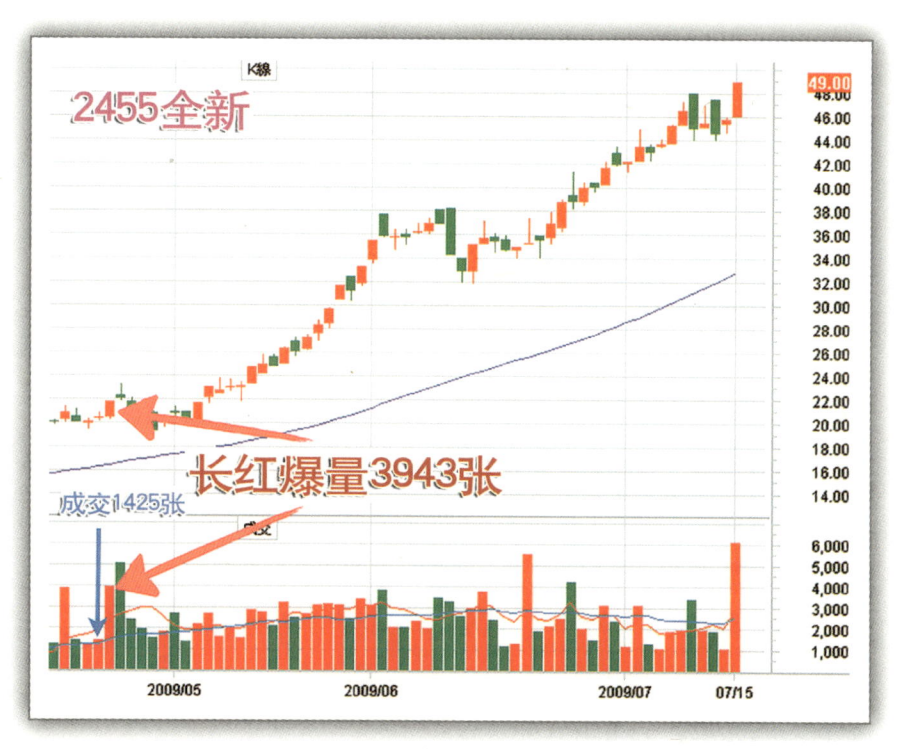

图—17

大涨＋成交量暴增三倍，后来在三个月内从20元涨到49元。

举这几个例子给大家看，只是说由大量长红起涨的飙股真的很多，随手可得。我统计过，带量长红＋突破盘整区间的股票，后面走波段上涨的几率大概是75%。别说随便选也有50%，75%有啥好特别说嘴的，这是期望值的问题。如果胜率比随便选要高出五成（75%－50%＝25%，25%是50%的五成），而且后头有一大段涨势可以赚，判断错误就小赔出场，怎么看都比随便选或听电视台股评师推荐股票要好多了。

网上智能选股功能，找出长红爆量飙股

知道这样选股既简单又有效后，剩下的问题就是如何找出长红爆量的股票了。

我习惯去玩股网找，玩股网有个智能选股功能，叫做股市俏秘书。俏秘书其中一个功能可以帮助找出每天长红爆量的股票，如图－18。

上半红色部分是满足多头条件的个股，下方绿色是满足空头条件的个股。其中第二项就是长红爆量的选股功能，上面写着"多：爆量（超过五日均量两倍且大于1000张）上涨3%以上（台股涨跌停设定为±7%）"，爆量设定超过五日均量的两倍，而且要大于1000张。之所以加上要大于1000张这个条件，是因为如果连爆量都还没超过1000张，那平常可能一天只有200张不到的成交量，这种成交量太小的股票，我是不碰的。没事就没

图—18

事，有事就大事，哪天可能直接跳空就锁跌停，卖都卖不掉。

除了长红爆量的功能以外，俏秘书还有一些独创的选股功能，例如突破和跌破盘整区间的股票、乌云罩顶和贯穿的股票（这两个是阴阳线理论里面抓重要转折的形态），而且每天中午12点以后就会更新今日选股内容，你可以在盘中就发现强势股票，并在尾盘进场。这是很好用的功能，建议大家去试试。我自己也爱用。

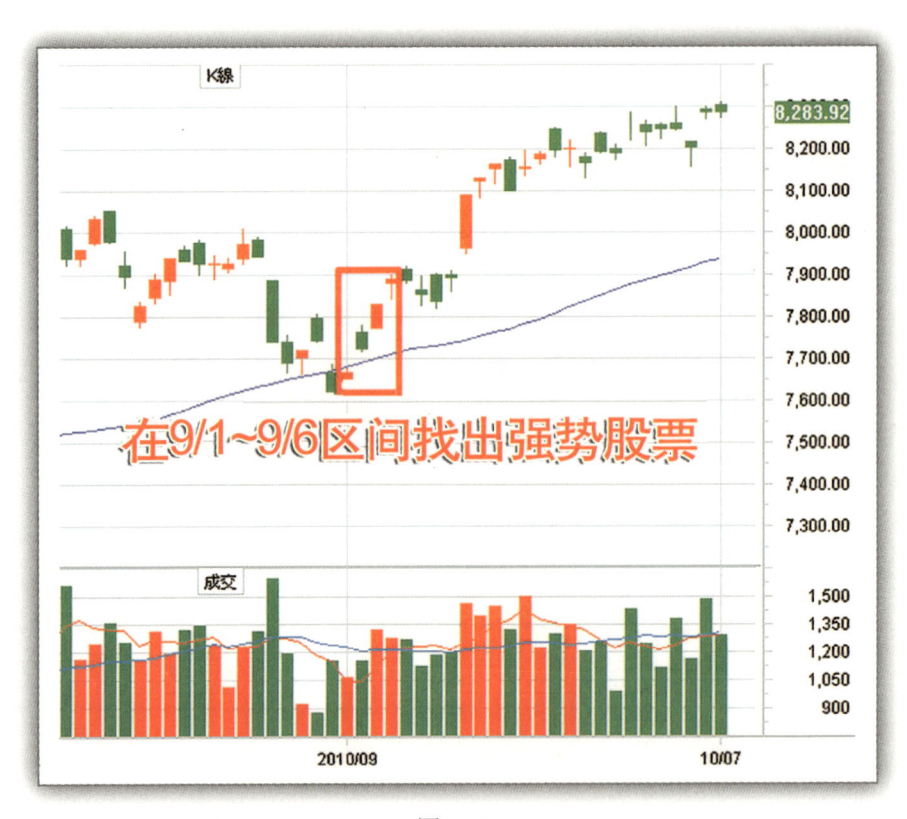

图—19

　　玩股网上面可以找到俏秘书选股系统选出来的股票真实绩效，我直接贴出实例来给大家看看（见图-19）。

图—20

用"突破整理区间"+"爆量",选出强势个股

大盘在2010年9月2日突破季线后,并且站稳三天,在此条件下买股票相对较安全。

我们以9月1日~6日这几天为查询区间,并勾选突破整理区间与爆量为选股条件,按下查询键后可以查到六只股票,分别是台盐、联发科、思源、新世纪、中视与裕融,这几只股票是在大盘从季线反弹后,买盘较为强势的个股(见图-20)。

假如我们是在俏秘书选股当天或隔天买进,针对这六只股票操作。

在9月6日后买进台盐,将停损条件分别设定为21.50元停损(10%移动停损)及季线停损,到9月30日都未达到停损条件而续抱(见图−21)。

日期	多方条件	空方条件	当日 开盘/收盘价	1周後	2周後	4周後
2010/10/4	爆量上涨3%以上,		27.20/27.80	--	--	--
2010/9/24	利多消息,		25.95/27.25	-1.5%	--	--
2010/9/23	爆量上涨3%以上,		24.00/25.60	2.0%	--	--
2010/9/15	爆量上涨3%以上,		23.25/23.75	--	12.0%	--
2010/9/7	5與20日均線黃金交叉,		23.00/22.10	4.3%	8.4%	22.6%
2010/9/6	突破整理區間,爆量上涨3%以上,		21.50/22.80	-1.8%	4.4%	21.9%
2010/8/31		5與20日均線死亡交叉	21.70/21.00	5.2%	9.8%	27.1%

图—21

在9月3日后买进联发科,将停损条件分别设定为452元停损(10%移动停损)及季线停损,在9月24日跌破停损出场(见图-22)。

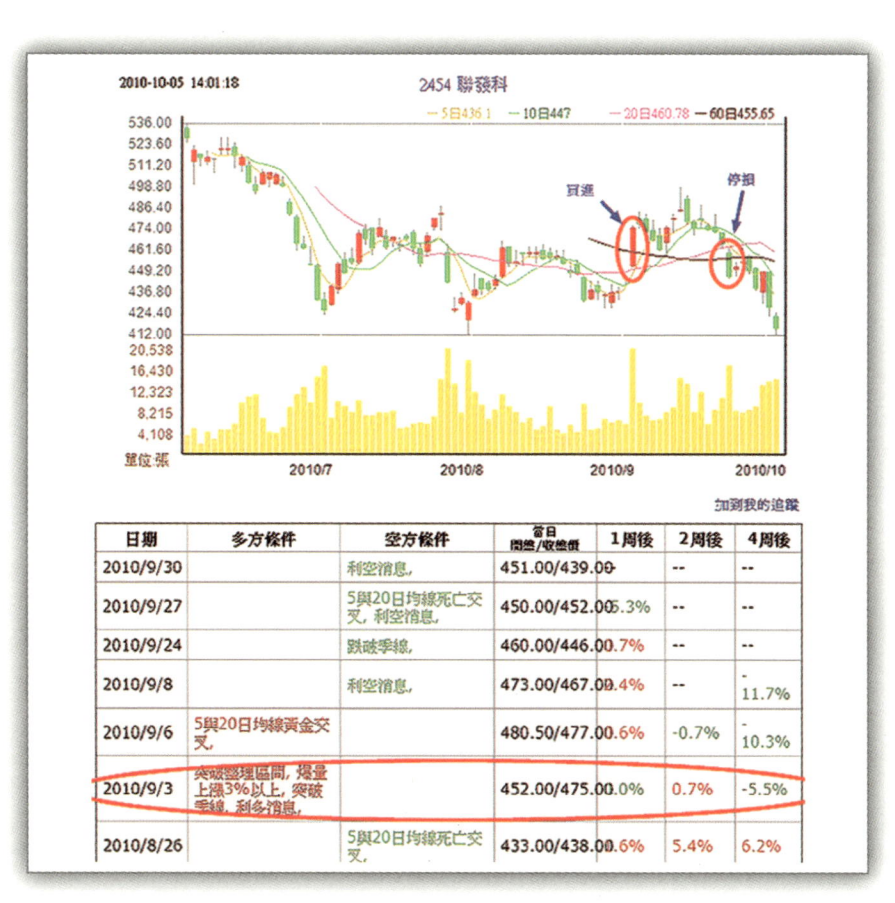

图-22

在9月3日后买进思源,将停损条件分别设定为34.10元停损(10%移动停损)及季线停损,10月1日达到10%移动停损出场。若是9月3日当天买进,应该是小赚的,若是隔天9月4日才买进,则有可能接近成本价出场(见图-23)。

日期	多方條件	空方條件	當日開盤/收盤價	1周後	2周後	4周後
2010/10/4		5與20日均線死亡交叉	39.80/38.10	--	--	--
2010/9/3	突破整理區間,爆量上漲3%以上,		34.10/36.20	3.6%	9.4%	9.9%
2010/8/19	突破整理區間,爆量上漲3%以上,		32.50/34.20	-4.1%	-0.6%	16.7%

图—23

在9月6日后买进新世纪,将停损条件分别设定为44.50元停损(10%移动停损)及季线停损,到9月30日都未达到停损条件续抱(见图—24)。

日期	多方條件	空方條件	當日開盤/收盤價	1週後	2週後	4週後
2010/9/30	爆量上漲3%以上,		49.00/52.00	--	--	--
2010/9/28	利多消息,		49.55/48.90	9.2%	--	--
2010/9/21	利多消息,		49.70/49.60	-1.4%	7.7%	--
2010/9/20	突破整理區間,		48.85/49.60	-0.1%	7.7%	--
2010/9/17	爆量上漲3%以上,		46.70/48.40	3.3%	9.1%	--
2010/9/7	5與20日均線黃金交叉		45.30/45.65	3.2%	8.7%	17.0%
2010/9/6	突破整理區間, 爆量上漲3%以上,		44.50/45.70	4.6%	8.5%	16.8%
2010/9/3	突破季線,		42.70/43.45	10.2%	11.4%	21.5%
2010/8/26		5與20日均線死亡交	41.80/42.20	0.9%	10.2%	21.8%

图—24

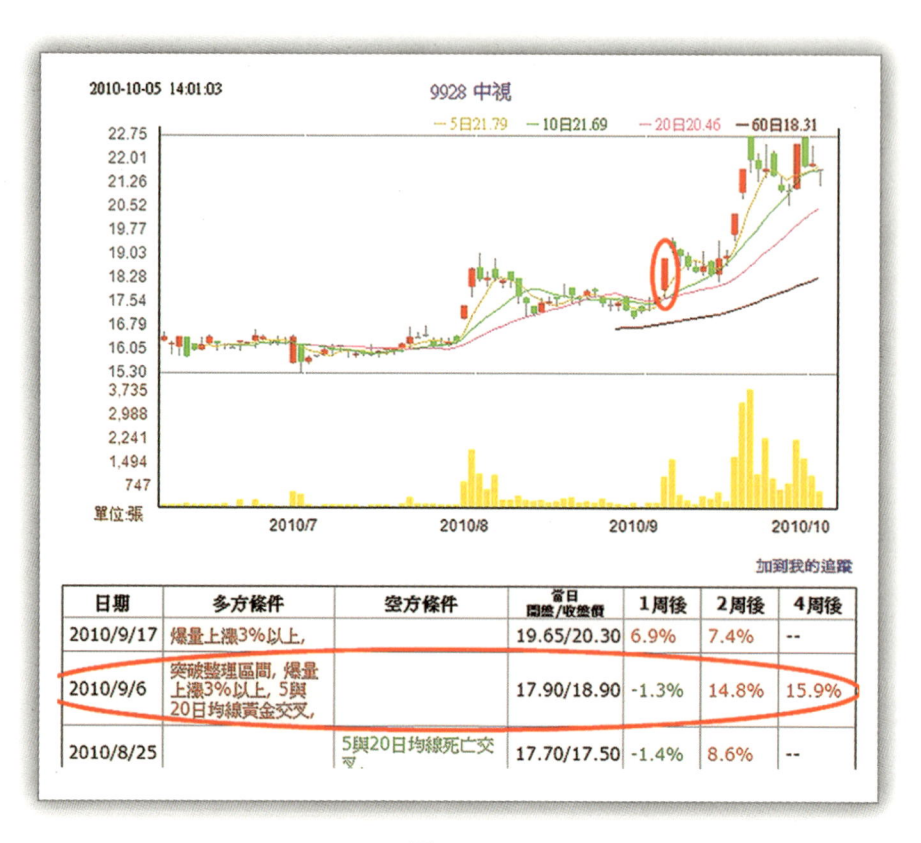

日期	多方條件	空方條件	當日開盤/收盤價	1周後	2周後	4周後
2010/9/17	爆量上漲3%以上,		19.65/20.30	6.9%	7.4%	--
2010/9/6	突破整理區間, 爆量上漲3%以上, 5與20日均線黃金交叉,		17.90/18.90	-1.3%	14.8%	15.9%
2010/8/25		5與20日均線死亡交叉,	17.70/17.50	-1.4%	8.6%	--

圖—25

在9月6日後買進中視，將停損條件分別設定為17.90元停損（10%移動停損）及季線停損，到9月30日都未達到停損條件而續抱（見圖—25）。

在9月1日後買進裕融，將停損條件設定為44.65元停損。到9月30日都未達到停損條件而續抱（見圖—26）。

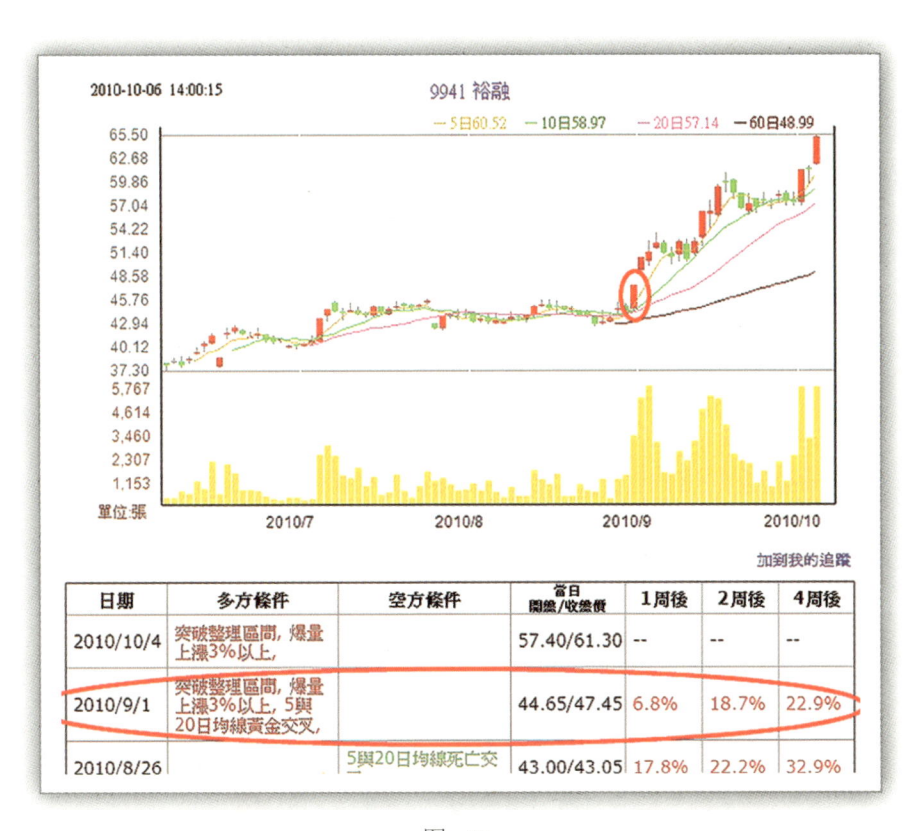

日期	多方條件	空方條件	當日開盤/收盤價	1週後	2週後	4週後
2010/10/4	突破整理區間，爆量上漲3%以上，		57.40/61.30	--	--	--
2010/9/1	突破整理區間，爆量上漲3%以上，5與20日均線黃金交叉，		44.65/47.45	6.8%	18.7%	22.9%
2010/8/26		5與20日均線死亡交叉	43.00/43.05	17.8%	22.2%	32.9%

图—26

结论：这六只股票中，只有联发科是亏损的，其他五只股票都是获利的，胜率高达83.3%。如果每只股票都花50万元去买，总共300万元资金，扣除联发科停损的钱，其他五只股票总共可以帮我们赚到42.5万元，一个月内报酬率高达14.1%（42.5/300＝14.1%）。

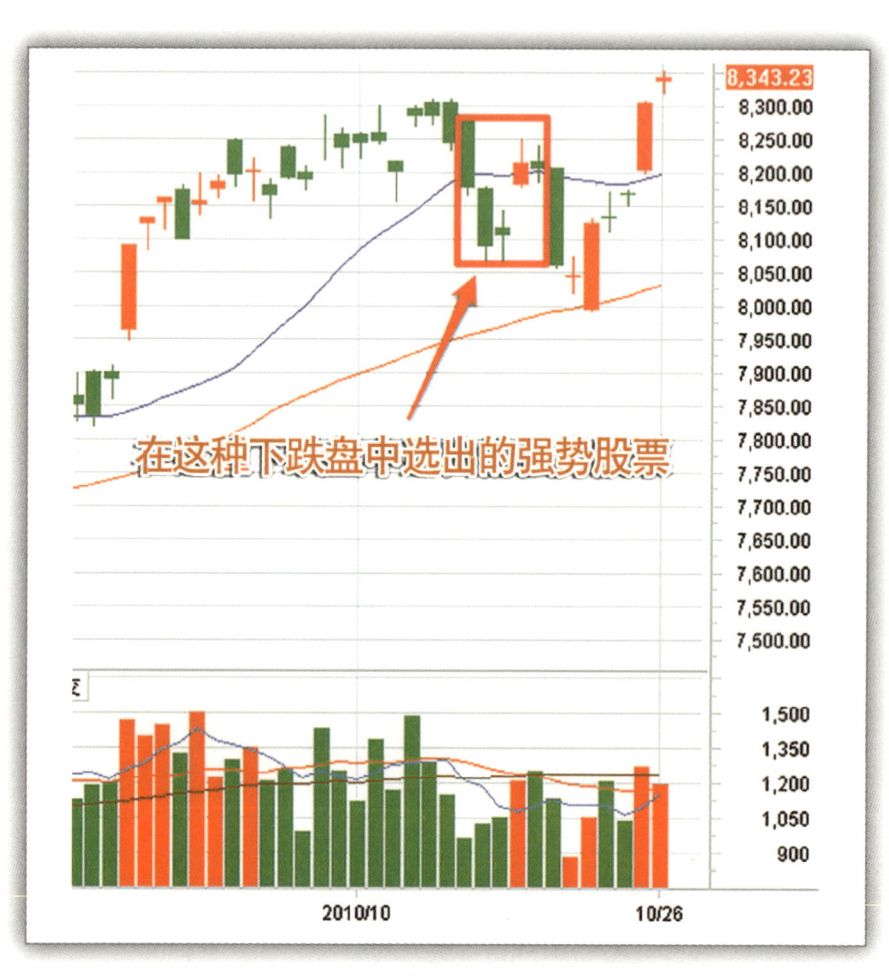

图—27

加上"五日均量大于1000张"选股更有胜算

只举一个例子,也有可能是特例,所以我再找一个例子验证给大家看。这次的绩效验证以10月11日~15日为查询区间。当时大盘走势如图—27。

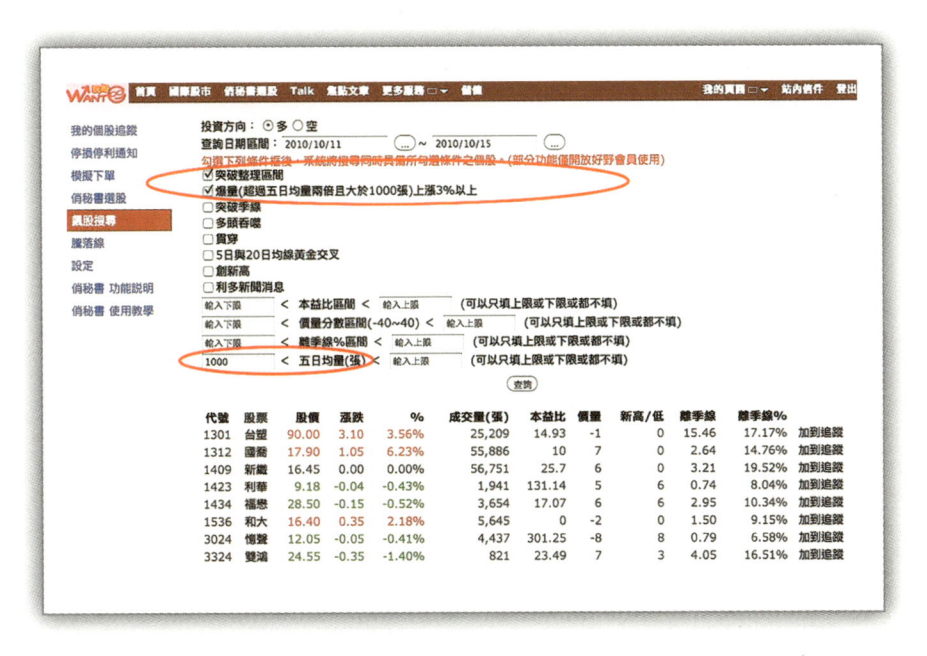

图—28

同样使用"突破整理区间"与"爆量"为选股条件，再加上限制"五日均量大于1000张以上"，按下查询键后可以查到八只股票，分别是台塑、国乔、新纤、利华、福懋、和大、忆声与双鸿（见图-28）。

与上次例子相同，设定在俏秘书选股当天或隔天买进，针对这八只股票操作：

在10月14日后买进台塑，将停损条件分别设定为78.20元停

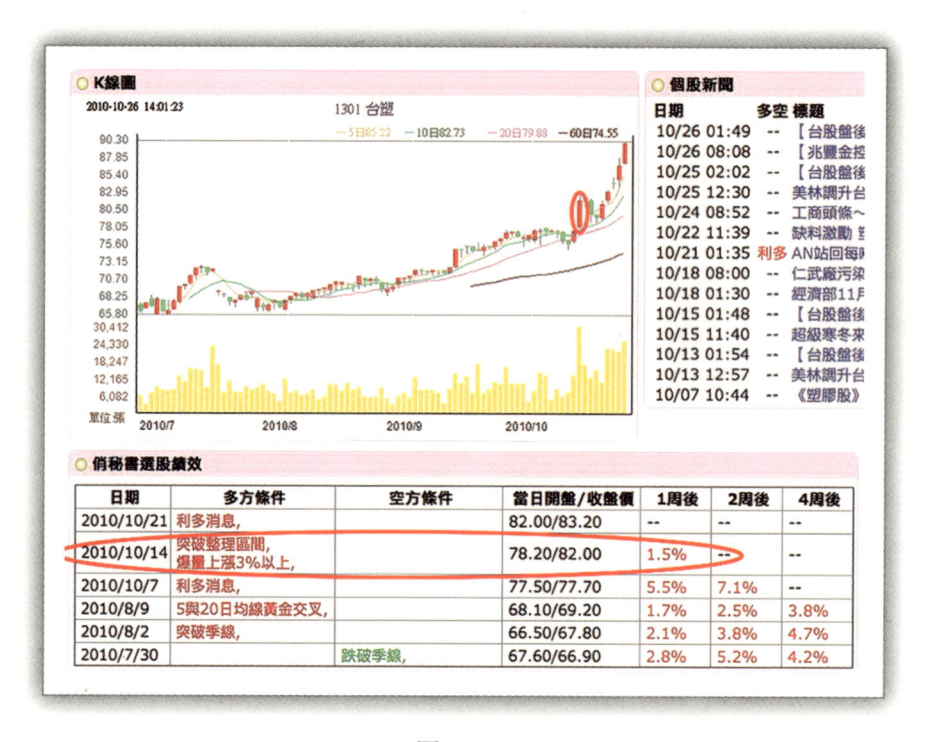

图—29

损（10%移动停损）及季线停损。到10月26日收盘价90.00元都未达到停损条件而续抱（见图—29）。

以10月14日收盘价82.00元为成本，账上获利＋9.7%。

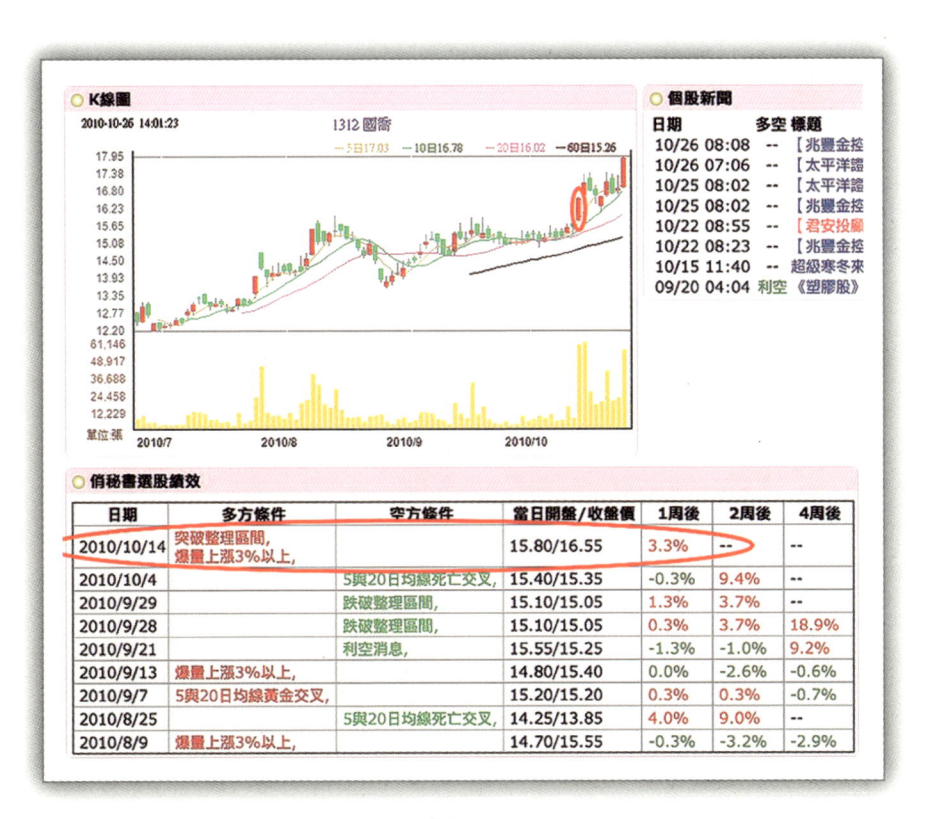

图—30

在10月14日后买进国乔，将停损条件分别设定为15.8元停损（10%移动停损）及季线停损。到10月26日收盘价17.90元都未达到停损条件而续抱（见图-30）。

以10月14日收盘价16.55元为成本，账上获利＋8.1%。

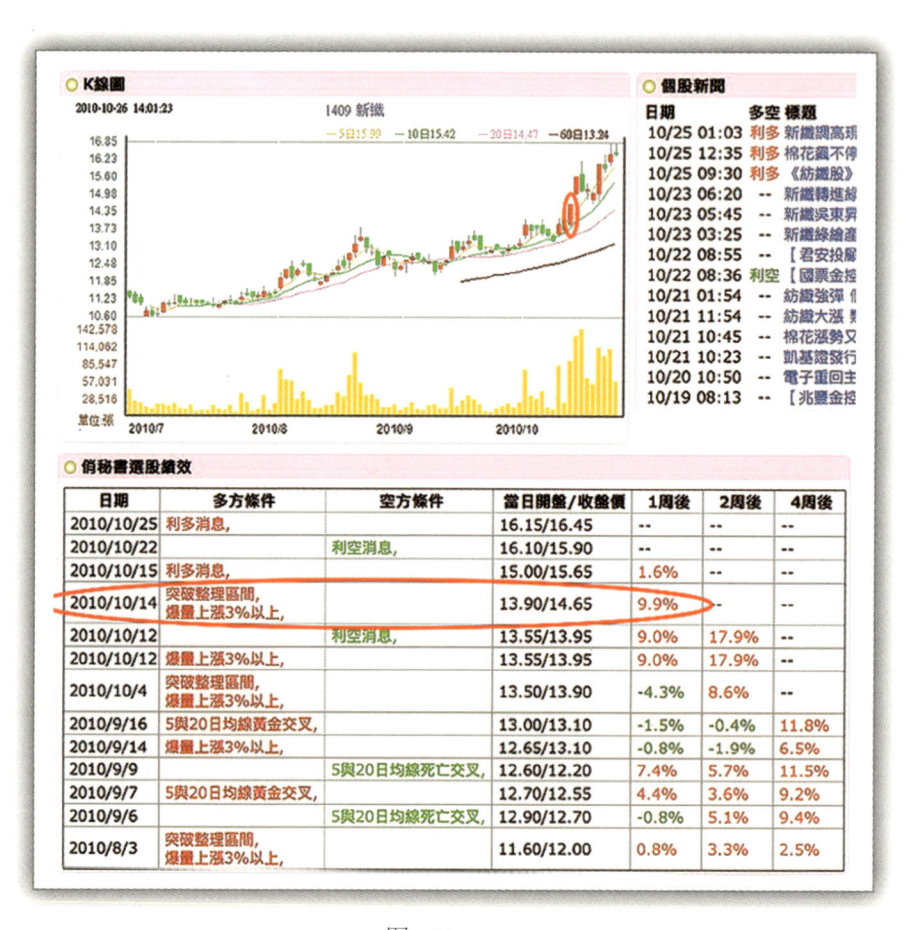

图—31

在10月14日后买进新纤,将停损条件分别设定为13.90元停损(10%移动停损)及季线停损。到10月26日收盘价16.45元都未达到停损条件而续抱(见图—31)。

以10月14日收盘价14.65元为成本,账上获利＋12.2%。

实战技巧篇

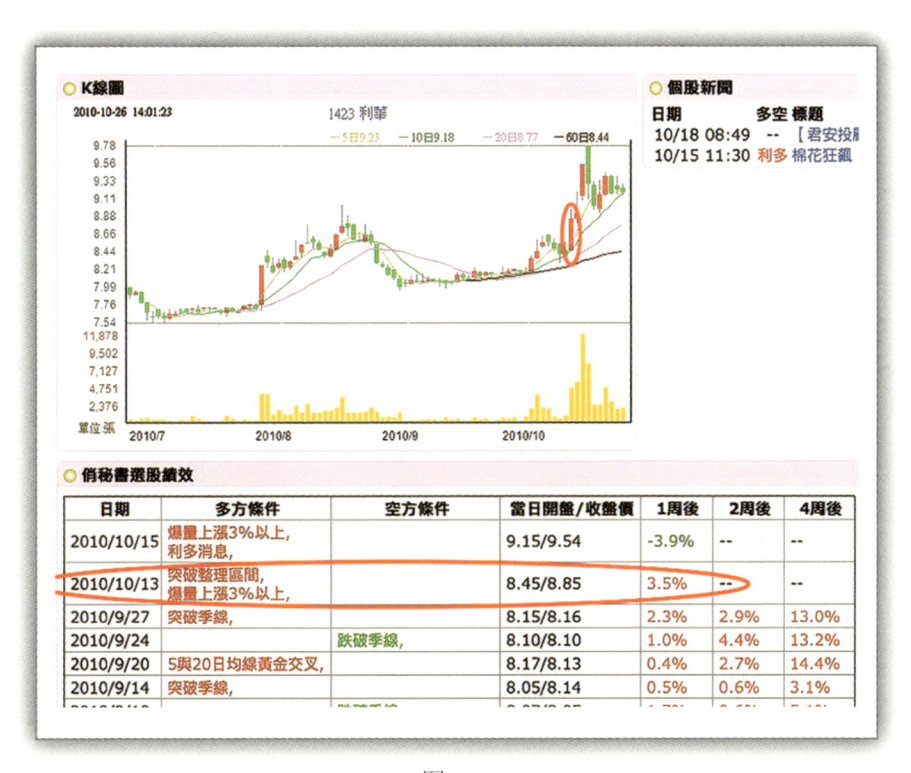

K線圖 1423 利華 2010-10-26 14:01:23								個股新聞 日期 多空 標題 10/18 08:49 -- 【君安投 10/15 11:30 利多 棉花狂飆		

俏秘書選股績效						
日期	多方條件	空方條件	當日開盤/收盤價	1周後	2周後	4周後
2010/10/15	爆量上漲3%以上，利多消息，		9.15/9.54	-3.9%	--	--
2010/10/13	突破整理區間，爆量上漲3%以上，		8.45/8.85	3.5%	--	--
2010/9/27	突破季線，		8.15/8.16	2.3%	2.9%	13.0%
2010/9/24		跌破季線，	8.10/8.10	1.0%	4.4%	13.2%
2010/9/20	5與20日均線黃金交叉，		8.17/8.13	0.4%	2.7%	14.4%
2010/9/14	突破季線，		8.05/8.14	0.5%	0.6%	3.1%

图—32

在10月13日后买进利华，将停损条件分别设定为8.45元停损（10%移动停损）及季线停损。到10月26日收盘价9.18元都未达到停损条件而续抱（见图—32）。

以10月14日收盘价8.85元为成本，账上获利+3.7%。

图—33

在10月14日后买进福懋，将停损条件分别设定为26元停损（10%移动停损）及季线停损。到10月26日收盘价28.50元都未达到停损条件而续抱（见图-33）。

以10月14日收盘价27.30元为成本，账上获利＋4.3%。

俏秘書選股績效

日期	多方條件	空方條件	當日開盤/收盤價	1週後	2週後	4週後
2010/10/13	5與20日均線黃金交叉,		15.00/15.75	-1.3%	--	--
2010/10/12	突破整理區間, 爆量上漲3%以上, 突破季線, 利多消息,		14.20/14.85	5.7%	10.4%	--
2010/9/29		利空消息,	14.00/13.90	1.1%	13.3%	--
2010/9/27		5與20日均線死亡交叉,	14.20/13.90	1.8%	0.0%	15.5%
2010/9/21	5與20日均線黃金交叉,		14.45/14.25	-2.1%	-1.1%	10.2%

图—34

在10月12日后买进和大，将停损条件分别设定为14.2元停损（10%移动停损）及季线停损。到10月26日收盘价16.40元都未达到停损条件而续抱（见图—34）。

以10月14日收盘价16.40元为成本，账上获利＋10.4%。

日期	多方条件	空方条件	当日开盘/收盘价	1周后	2周后	4周后
2010/10/12	突破整理區間，爆量上漲3%以上，突破季線，5與20日線黃金交叉，		11.30/11.70	2.6%	3.0%	--
2010/10/8		5與20日均線死亡交叉，	10.90/10.80	13.4%	13.9%	--
2010/9/17	5與20日均線黃金交叉，		11.40/11.15	-0.9%	-1.3%	9.9%
2010/9/16	爆量上漲3%以上，		10.95/11.20	-2.2%	-2.7%	9.4%
2010/9/10	利多消息，		10.65/10.75	3.7%	2.8%	0.5%

图—35

在10月12日后买进忆声，将停损条件分别设定为11.30元停损（10%移动停损）及季线停损。到10月26日收盘价12.05元都未达到停损条件而续抱（见图—35）。

以10月14日收盘价11.70元为成本，账上获利＋2.9%。

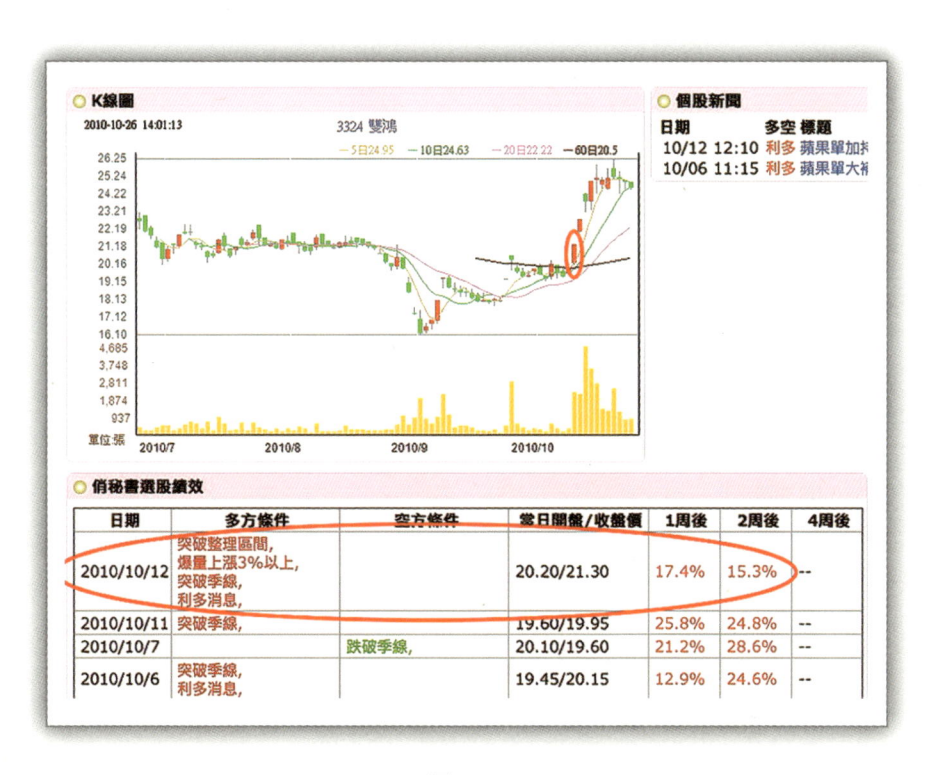

图—36

在10月12日后买进双鸿,将停损条件分别设定为20.20元停损(10%移动停损)及季线停损。到10月26日收盘价24.55元都未达到停损条件而续抱(见图—36)。

以10月14日收盘价21.30元为成本,账上获利+15.2%。

结论：截至10月26日，这八只股票账上都是获利且仍续抱中，差别只在获利多与少。

台塑＋9.7%
国乔＋8.1%
新纤＋12.2%
利华＋3.7%
福懋＋4.3%
和大＋10.4%
忆声＋2.9%
双鸿＋15.2%
平均获利＋8.31%
大盘从8200点涨到8343点，涨幅约1.7%。

为什么建议大家要用俏秘书来帮助选股？我必须老实说，俏秘书选股系统选出的强势股票不代表100%一定会马上喷出，但现在我每次要买股票以前，都一定会先用它来筛选，再从它选出的股票中一一检视，因为它是一种很有效的选股工具，从上市、上柜2000多只股票中选出5到10只相对强势的，这无疑可以节省选股时间，而且选出来的股票通常真的表现很好。

现在我们已经学会几个在股市操作中一定要会的招数，来整理一下：

一开始进入市场之前要先做的一件事就是：判断现在是多头还是空头。如果是空头就别进场，多头才能进场。

如何判断？用季线帮助判断。

确认是多头以后，进场选股，选股最简单的就是挑带量长红的股票买进，这种股票上涨几率大。

进场以后就用停损点移动法操作，有单纯一点的停损移动法，也有搭配季线操作的方法，从进场到获利出场，这是一场完美的交易。

楚狂人语录

对大多数股民来说，选股永远是一件很难的事情，偏偏它又这么重要，其重要性相当于必考题，不学会不学好是不行的。

楚狂人
股市投资
SOP

第四章 【晚餐后的工作Ⅰ】

私藏选股三大秘技

- 先从类股中筛选出强势类股
- 再从强势类股中精挑强势个股
- 强势股买进秘技，让绩效差很大

　　本章利用强势类股的特性，教你如何从2000多只股票中选出真正的飙股。

我每天晚上会看一下大盘走势和原先规划的有没有不同，行情有没有出现什么变化。如果有和原先规划不同的情况，就根据盘势的信息来修正预期盘势；如果没有什么特别的改变，就照原先规划的继续操作，该续抱就续抱，该逢高卖或逢低买就照做。

除此之外，如果刚好碰到盘势出现一些特殊情况，例如该换股进场的好机会出现，这时就需要使用选股的技巧来挑选千里马了。

对大多数股民来说，选股永远是一件很难的事情，偏偏它又这么重要，其重要性相当于必考题，不学会不学好是不行的。为什么大家都觉得选股是门大学问？因为选股就是要从上市、上柜这么多只股票里面挑选出强势股票。先岔题一下，我这里强调的是"强势股票"，我并没有说一定能选到飙股，毕竟能选到飙股的几率太低，所以我们暂时先不奢望选到飙股，先以选出强势股票为第一目标。

什么叫强势股票？这阵子表现比大盘强就可以称作强势股票。例如大盘最近在盘跌，强势股票却不跌；大盘在盘涨，强势股在飙涨；大盘在盘整，强势股在涨波段。所以只要能掌握强势股，就能获得傲人的投资报酬率。

为什么选股很难？因为上市、上柜股票加起来有2000多只，难就难在2000这个数字，如果不是2000多只，而是20多只，那难度就相当于只有原先的1/100。

目标缩小了！现在我们可以改成先想如何把2000多只缩成20

只，解决了这个难题，选出"强势股票"对我们来说其实就变得很简单。

关键在于"由大到小"。

先从类股中筛选出强势类股

一般情况下，大家选股都一只一只看线型，2000多只就要看很久，所以我们可以从外而内、由大到小先看类股，再看个股。怎么分类呢？证交所已经帮我们分好了，他们把台股分成很多类，像电子、塑化、金融、汽车……其中电子股因为太多，证交所还特别再细分成半导体股、光电股、计算机周边……我们直接先选出几个走势相对比较强的类股，再从这些类股里去挑比较强的个股；或是反过来，把很弱的类股删掉，其他的再拿出来选。

这样做的原因是，我做了十几年股票，经验告诉我"强者恒强"是股市不变的真理。强势股的波段涨势一定胜过弱势股，买股一定要买强势股，尽量不要考虑落后补涨股。买落后补涨的股票一定会后悔，花同样的时间结果涨幅可能连强势股的一半都不到。

另外一个原因，"选股不选市"是股票市场很常见的迷思。某股票一枝独秀高挂涨停，但若周遭相关类股全倒，它一定也涨不久。当我们把市场上市上柜所有个股细分成只有类股时会更明显，一只股票特强，强到涨停板，但是其他做类似产品的公司股票却很弱，除非这家公司有什么特殊情况，不然发生这种万绿丛

图—37

中一点红的几率趋近于零。所以我们只要先找出强势类股,再从强势类股里找出相对强势的股票,就可以很轻松地解决这道难题。

什么叫比较强的类股?比大盘强就是强。我实际演示一次给大家看,这是2010年2月的大盘图(见图—37)。

先跟大家解释一下这张图,红色线是季线,从1月19日高点8395点下跌。跌了七天后开始盘整,经过六个交易日,之后遇到

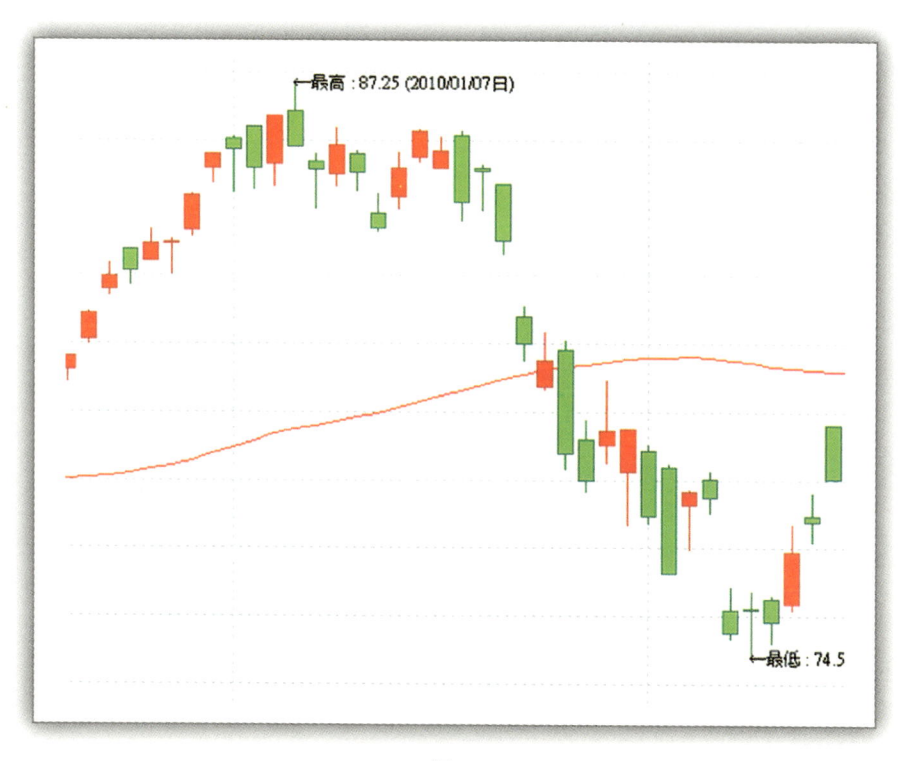

图—38

跳空下跌，在盘整区间进场抢短线的全部套牢，跌到波段低点7080点，之后开始上涨，涨了三天，涨回先前的盘整区。当天是收黑K棒，距离季线超过200点。

因为大多数投资人比较喜欢做电子股，我就直接把电子族群抓出来检视。挑几个类股当范例，教大家怎么判断。

先看半导体类股，当时线图如图—38：

一样是下跌七天之后，走六天的盘整。2月5日跳空大跌近4%。

图—39

套住盘整区进场的筹码，盘了几天后走高，现在涨回盘整区间附近。比大盘稍强之处是已经涨回靠季线比较近的地方，但是却在当天跳空开高后出现中长黑K棒，所以强度和大盘差不多。

再挑光电类股来检视一下（见图—39）。

光电类股票一样是下跌七天之后，走六天的盘整。盘整后跳空下跌，之后慢慢爬升。这天高点距离季线很近，不过一样是收中长黑，还把跳空缺口完全补掉，让今天开盘价进场的投资人形成套牢。

图-40

以上两个类股都表现得不强,所以我们继续往下找,发现电子通信类股表现十分好(见图-40)。

虽然前面跟着大家一起下跌盘整再跳空下跌,但却领先市场止跌反弹。连续三根跳空上涨红K棒,第三根红K棒更是直接跳过季线压力,连盘中低点都没有回撤季线,十分强势。除此之外,跳空后把整个类股指数涨过前波盘整区间,甚至越过盘整前长黑K高点,多头强势表态。

图—41

我选择从电子通信强势类股板块中去找强势个股。

再从强势类股中精挑强势个股

点出券商看盘软件,选择电子通信类股,会出现如图-41的画面。

把所有归在电子通信类股的股票都抓出来,总共有24只。有没有发现问题的难度已经大幅缩小了?原本的难题在于要从2000多只股票中选出好股票,分母是2000,现在分母变成24,难度也跟着就变成原本的1/100。

图—42

现在只剩24只，就可以一只一只检查。

第一只中福略过，因为我不买低于10元与成交量不到500张的股票。原因是当股票在不是大空头的时候还低于10元，代表它本身营运状况或是公司诚信一定有问题，随时可能变成地雷股，不要碰比较好；而成交量不到500张的股票，如果哪天爆利空，这种股票很可能就每天锁定跌停，跑都跑不掉。

第二只联强，当时线图如图—42。

强度和电子通信类股差不多，标记起来。

接下来几只都是成交量太小的股票，跳过。

图—43

看到灿坤，我发现灿坤在当时（2010年2月22日）竟然根本没有跌破季线。超级强势的股票，当然赶快买进（见图—43）。

我就不一只一只写了，最后挑出比较强势的四只股票：联强、灿坤、蔚华科、大联大，分别在当天（2月22日）收盘进场买进：联强买在69.9元、灿坤买在54.6元、蔚华科买在25.1元、大联大买在52.3元。

后来大盘真的继续反弹上去，从进场点起算到反弹高点，累计上涨7.8%（见图—44）。半导体类股涨幅比大盘多一点点，涨幅为8.8%（见图—45）。

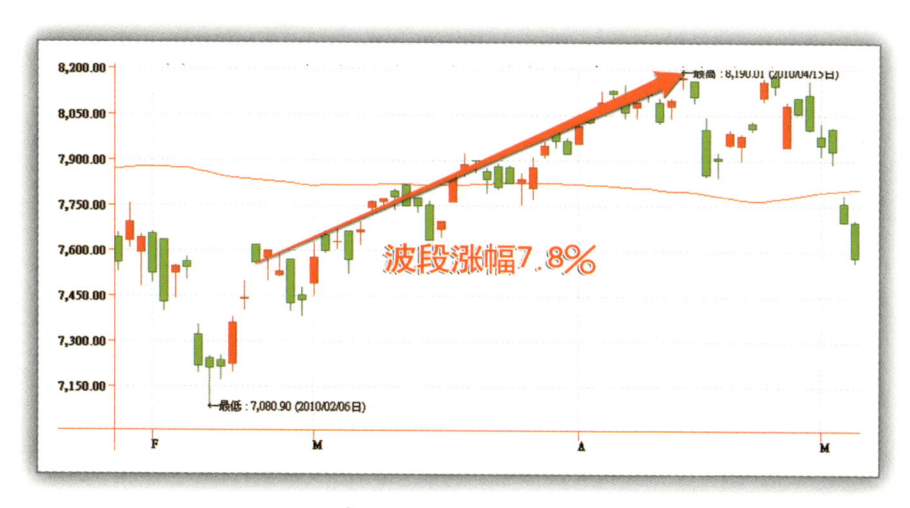

图—44

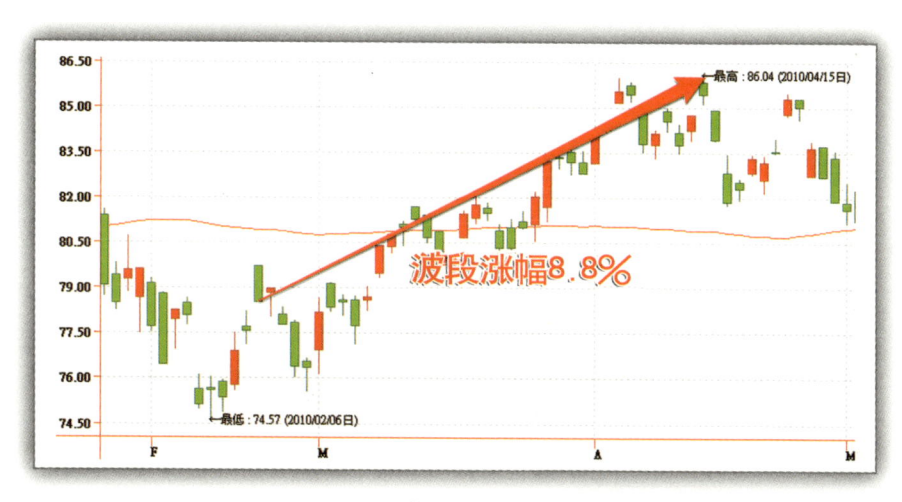

图—45

图—46

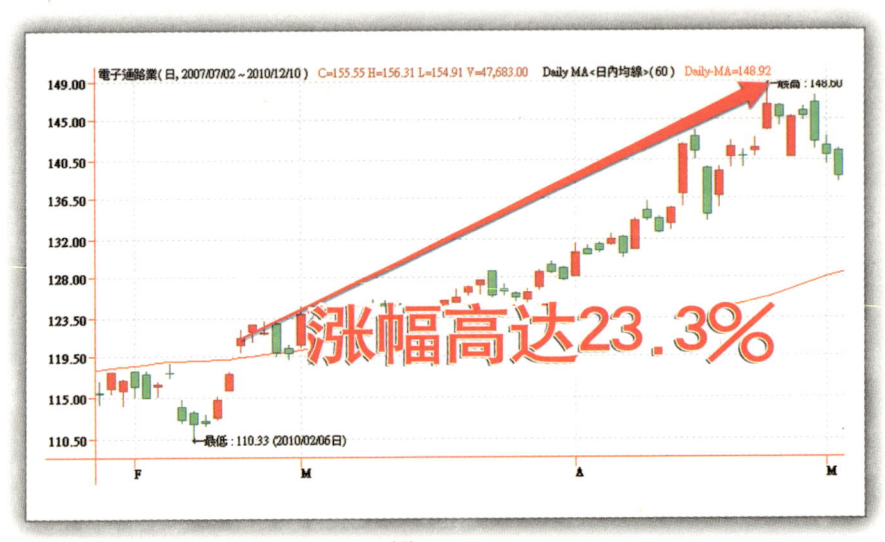

图—47

光电类股波段涨幅输给大盘，涨幅为5.9%（见图-46）。

而电子通信类股的波段涨幅竟然高达23.3%，足足是大盘涨幅的三倍（见图-47）。

强势股买进秘技，让绩效差很大

让我们看看这四只选出来的股票后来的表现：

① 联强从2月22日收盘价69.9元起算，到4月份的波段高点79.4元，两个月获利13.5%（见图-48）。

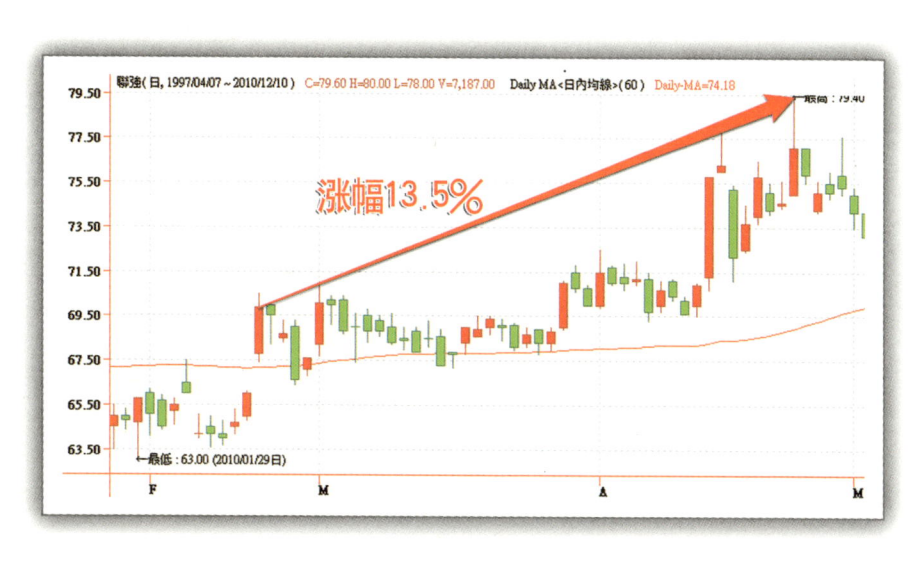

图-48

② 灿坤从2月22日收盘价54.6元起算，到4月份的波段高点79.4元，两个月获利45.4%（见图-49）。

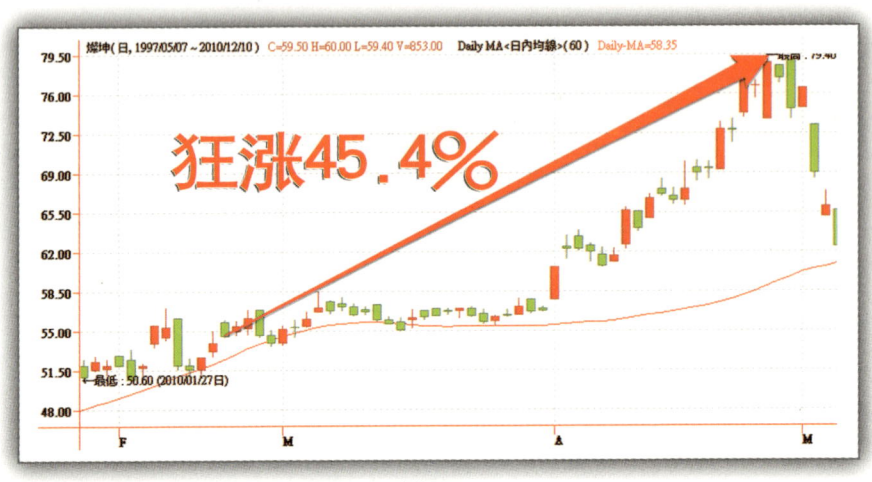

图-49

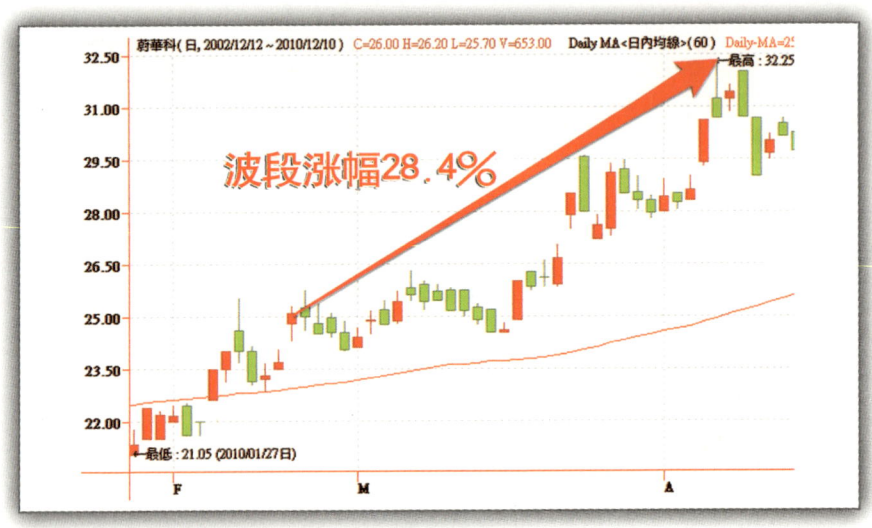

图-50

③ 蔚华科从2月22日收盘价25.1元起算,到4月份的波段高点32.25元,两个月获利28.4%(见图-50)。

④ 大联大从2月22日收盘价52.3元起算,到4月份的波段高点69元,两个月获利32%(见图-51)。

图—51

最后,买进的四只股票两个月的平均获利是29.82%,同时期大盘涨幅才7.8%。用这个选股技巧可以轻松赚取近四倍于大盘涨幅的报酬率,四倍报酬率是非常有威力的。像上次2008年11月左右的大空头低点到2010年初的波段高点,大盘总共上涨109%,如果用这种选强势股买进技巧,可以轻松赚取超过436%的波段利润,这不过才短短一年两个月的时间。所以这个方法大家一定要多练习,每次当你觉得现在是买股票的好机会,切记要先用这个方法来选股，绩效差别太大了。即使是四只股票中波段表现最差的联强，都比大盘绩效要高73%。

这个是比较偏向中长线的操作，也就是说这个技巧不需要也不应该每天用，大概一个星期到两个星期用一次就可以了，这样可以有效地运作汰弱留强的选股心法。

你也可以结合俏秘书选股的优点，在经过强势股选股技巧的筛选之后，选出10只左右的中长线强势股，再把其中同时也被俏秘书选出来的股票特别加码，代表这只股票不只走中长多，波段上涨，近期表现也很强势。经过这样选出来的股票，一来股票数一定不多，不必乱枪打鸟随便买，二来股票能通过这么严格的选股条件，可以想见后势表现的大涨几率大。

楚狂人语录

成功的投资人往往有自己的规则，一步一步照规矩来；失败的投资人最大的特征是操作没有一个规则，买进卖去只凭感觉，完全被盘面气氛左右。

楚狂人
股市投资
SOP

第五章 【晚餐后的工作Ⅱ】

精准预测未来行情走势

- 投资人的三阶段
- 规划行情的八大要点
- 久盘必跌？五大关键找出真正行情

　　运用前几章所有教过的技巧和观念，综合多项判断指标来帮助规划未来盘势，并以实际案例一步步教你如何规划行情。

我大概一个星期会写一到两篇的行情分析文章，不敢夸海口每次都能准确预测未来走势，但是起码能帮助很多投资朋友趋吉避凶。

投资人的三阶段

这里我先岔题一下，先谈谈投资人的三个阶段。

第一阶段：多头涨高也不怕，勇敢进场外加不停损的投资人，这种人大约占股民的40%。初生牛犊不畏虎，几乎每个投资人一进这个市场都是勇士，深信自己不会是最后一棒。涨五成不算什么，涨两倍也只是勉强接受。大盘肯定会轻松达到15000~20000点，反正下跌一定只是中途小修正，永远把下跌当成摊平的好时点。每天只想着打探消息问内线，问到以后也不自己研究一下，隔天直接市价买进，没设停损，也不知道什么时候要出场，时常抱着上去又抱着下来，操作十次有九次是赔钱的。这种人只要遇到一次空头一定会很惨，断头或者腰斩的平方（就是腰斩再腰斩）是注定的。

第二阶段：在多头涨高时会害怕、会停损，爱抢反弹，但是空头杀到很低也不敢买，这种人大约占55%。只要是遇过一次大空头的老手，十之八九都会停留在这个阶段。多头涨一涨就想出场，因为有被害妄想症，老觉得空头明天就到，从来没有抱过大波段获利，所以即使是大多头也不会大赚钱。而空头已经跌到剩下骨头了也不敢进场，一直拿经济报告吓自己，最后看着行情涨上去又后悔。2008年年底从3955点起涨，就有很多老手不敢跟。行情起涨一直觉得是反弹，即使已经突破多空分隔线（季线）确认由空翻多还是不敢追，只好一路望着行情从4000点涨到7000点。到2009年6月，好不容易遇到一个千点修正，7000点跌到6000点，却又以为要就此挂点回到4000点，到了涨回7000点再次懊悔不已。最后只敢短进短出，今天买明天卖，从4000点到8000点的大多头，只赚到一点蝇头小利。难得一见的4000多点大多头，这种人却过得比大空头还不快乐。

另一种是做期货做到走火入魔，严设停损停利的投机客，他们深信所有行情都无法预测，一定要等涨上去或跌下去才展开行动，认为没有出现涨跌以前，都是假的。这个阶段的投机客基本上是可以赚到钱，不过赚得相对少，因为等到确认涨势再去做多，或是确认跌势再去放空时，往往行情已经走了一大段，甜头也比较少。

第三阶段：占大约5%以下，这类投资人的特征是严设停损停利以外，不会自我设限，也不会是死多头和死空头。在行情启动以前，会先用各种技术分析方法＋国际股市＋基本分析＋筹码面综合判断，可以准确规划出未来走势并提前布局，达到最大投资效益。当然不一定能够100%准确预测，没人这么神，但是经由综合多个参考分析，我自己规划行情的准确度大概有八成以上,这样可以有效趋吉避凶,长期操作下来,有提早规划布局和没有规划的报酬率会差很多。

规划行情的八大要点

有人问:提早规划行情如果出错怎么办?很简单,在规划行情时,就要先想好行情如果没有照着规划走的话要怎么修正。

举个简单的例子,如果以单一的波浪理论规划行情,先画一种符合现在走势的波浪,看是三波五波、延伸波,还是修正波。接下来如果行情如预期,就照原先规划操作,如果和预期有出入,就修正一开始画的波浪图,直到能满足现在的走势,并照新的规划进行交易。或例如现在是偏空操作,但是自己心里要先有个底,如果盘势涨过某个点位,或突破某个盘整区间高点,或是几天内都没有跌破重要支撑,就要修正看法改成偏多操作。

第一个阶段晋升到第二个阶段并不难,只要停损观念强一点、敢追股票就可以。一般的老手大概就在第二阶段待很久,第二阶段要晋升到第三阶段就需要下苦功了,要多学很多东西才能融会贯通。以下我就用两个例子来教大家如何规划行情。

第一个例子是在2009年9月23日,我写了一篇《楚狂人的盘势看法和你想的不一样》的文章。当时的走势如图-52:

当天是小高开,往上涨没几点就下杀,收中长黑,当天跌了92点,成交量1280亿元。因为这天一根中长黑跌破前面五天的低点,让前面五天买进股票的投资人全部套牢,加上之前从6600点

图—52

到7300多点都没有一个像样的修正，所以当时市场气氛很糟，看空喊空的声音很大，整个空方气势感觉很强大，似乎盘势要就此挂点。

我就是在这种空方氛围很浓的情况下写盘势规划的。

第一，看大盘的跌点和长相。当时大盘跌了92点（1.24%），然后收中长黑。单纯看跌点和跌幅还好，虽然是中长黑，其实跌幅还不算太大，所以空方小＋1分，多方＋0分。

第二，看当天几只权值指标股的表现。台积电跌0.2元，联电跌0.3元，鸿海涨1.5元，联发科涨6元，宏达电涨1元。基本上今天这几只指标股的表现可以用四个字来形容：涨跌互见。主要是金融股在跌，金融分类指数跌了2.18%。自从1996年电子股变成台股重心之后，领涨领跌都是由电子开始才有效果。这十几年来没有一次是由金融起跌，跌到让整个大盘就此由多翻空走大空头，我想以台湾股市的情况，未来应该也不会有改变。空头＋0分，多头＋0分。

第三，观察交易量。过去历史上由多翻空的转折日通常是长黑＋爆量，今天的黑K没有很长，那成交量呢？1280亿元，比5日均量多32亿元，比10日均量多72亿元，算量增。一般来说，中长黑或中长红K棒原本就会比小红小黑K棒的量要大，这很合理。以台股这几年的情况来看，1000亿元上下算是正常量，400亿、500亿元算相对低量，2000亿元以上算相对大量。所以当时即使是中长黑，交易量才1280亿元，距离爆量还远得很。空头＋0分，多头＋0分。

到目前为止，空头小胜多头1分。

第四，我会观察散户进出场指标的融资余额。当天的融资余额是2100多亿元，虽然不是低于2000亿元的绝对底部现象，但是离多头高点还有很大一段距离。过去的历史数据显示，几乎每次多头高点附近的融资余额都在3000亿元以上，甚至高达5000多亿元。即使我们努力地搜寻历史数据，找到2001～2002年3000点大反弹的高点，算多次高点中数一数二低的，也还有2700多亿元，和现在差了将近三成，所以现在是波段高点的几率很低。空头＋0分，多头加1分。

第五，以技术指标来看，有多种技术指标都是高档死亡交叉。空头＋1分，多头＋0分。虽然这个部分一般我是不太看重，因为太多散户都只观察这个部分，像KD值、MACD、RSI……不过在明显趋势时，这些指标会有助涨助跌的效用。

第六，当天收盘价是在多空分隔线的季线之上402点的地方。我会给空头＋0分，多头也＋0分。这要特别解释一下，给空头0分很好理解，现在在季线之上，当然空头0分，但为什么我也不给多头分数呢？因为现在距离季线已经高达402点，虽然离历史高点还远得很，但总不算太近，也就是说，必须考虑乖离率的问题。当收盘价距离季线有段距离时，就会形成一股往季线拉近的力道，乖离越大，力道就越强。如果离季线只有100点上下，那我会帮多头加分，但现在已经超过400点，就不加分了。

第七，看国际股市，当时只有台股是下跌的，其他像美股、亚洲股市都表现不错，所以当时台股被错杀的几率挺大的。空头加0分，多头加1分。

第八，当时的媒体表现出乐观的气氛，当天9月23日的联合新闻网基金新闻的标题几乎都是乐观看待，而通常媒体大声讲乐观消息时，对盘势并没有好的影响。空头＋1分。

总结一下，空头3分，多头2分，所以算空方小胜，综合评估过后，觉得是盘势会往下稍做修正。但是也就只是修正罢了，

图—53

远远还没到就此多翻空的转折时间。后来，盘势也如预期再跌个70、80点，就反向上涨500点（见图—53）。

久盘必跌？五大关键找出真正行情

第二个例子是在2009年12月23日，我在当天早上8点上刊《接下来的操作请你要小心》一文。当时的走势如图—54。

从11月中期到12月23日发文那天，都一直在上下盘整，11月底有长黑K下跌，不过两天后又涨回来，而且不只台股，道指也

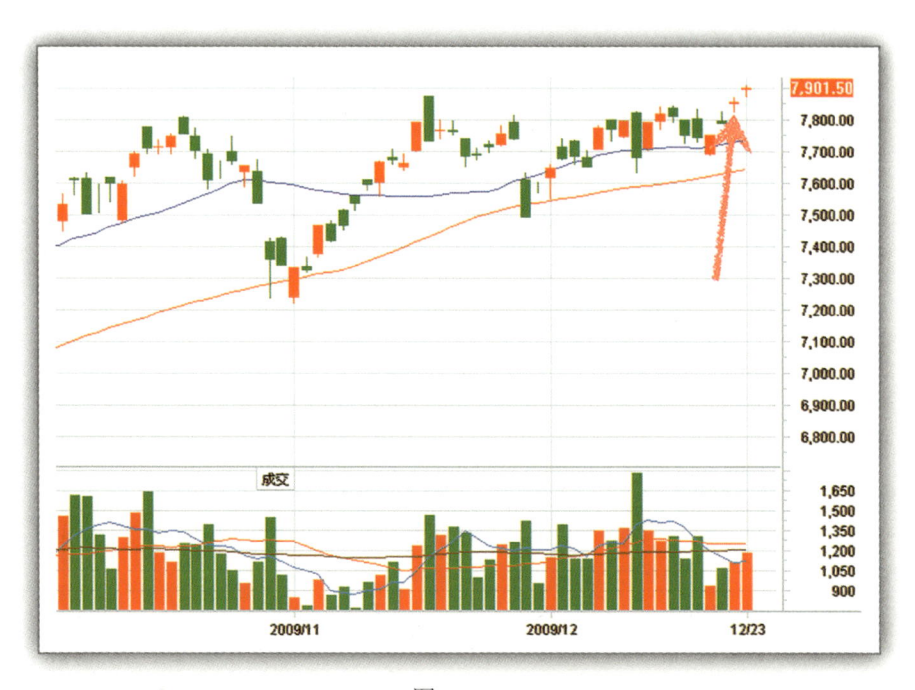

图—54

是一样在平台整理，抱股票抱了一个多月也没有什么动静，报酬率一直在±3%之间打混。因为盘整时间久了，市场上开始冒出一些声音，很多分析师和老手都不约而同地喊"久盘必跌"，看空的人越来越多，但是真的是这样吗？

我当时是怎么观察的呢？

① 虽然当时的道指还在原地踏步，不过科技股为主的纳斯达克（Nasdaq）已经领先创新高，如图—55。

而台股成分也是科技股占多数，并且与美股有密切合作关

图—55

系。当美国科技股表现好，公司赚大钱的时候，台湾科技股通常也不会寂寞。所以我合理推论接下来台股走势会比道指强，会向纳斯达克的走势靠拢。

② 符合我私藏的一种判断盘势会大涨的条件。我在《操作技巧大公开》一文中曾谈过。因为这个判断的方法准度很高，所以这边多头加分。

③ 有些指标性的股票已经领先创新高。例如宏碁，宏碁当时的走势如图-56。而在高点附近的更是大加分的。例如鸿海，随时准备突破，鸿海当时的走势如图-57。

图—56

图—57

如果是盘整后准备下杀,那盘面上应该是指标股先转弱,小股票还在活蹦乱跳。但现在明显不同,指标股率先突破高点,表示整个盘势走强的几率大,这对于多头是大加分。

④ 那阵子每天成交量才1000亿元左右,我做股票十几年,还没看过哪次高点只有1000亿元的成交量。基本上以台股的情况来说,1000亿元算是正常,2000亿元以上算是量大,400亿、500亿元算量缩。1000亿元如果是多头,算是多头走到一半,会续涨;如果是空头就会续跌,也就是会沿着原来方向行进。2000亿元以上算是大量,当出现多次2000亿元以上,大量+大盘指数却没有跟着上涨时,往往是有人在出货,高点(头部)到了。而400亿~500亿元左右的成交量,在高点附近是看不到的。

如果连续一阵子都是这种低成交量,反而是相对低点,是买进股票的好时机,摆个半年一年一定可以大赚。

而当时是1000亿元左右,大盘之前是多头,所以我认为是走多头续涨盘。

⑤ 看大盘的K线图,现在是走向上三角形收敛,这种走法接下来向上喷出的几率比较大。

在此解释一下,向上三角形收敛的走法通常会像图-58。

几次的高点可以连成一条平的压力线,每次碰到就下跌,跌下来的低点却越垫越高,这时通常最后会往上突破。

虽然上面的压力线不算100%水平,但是跟下方支撑线比起来无疑是角度平多了,所以这里我以形态学的角度来判断是会往

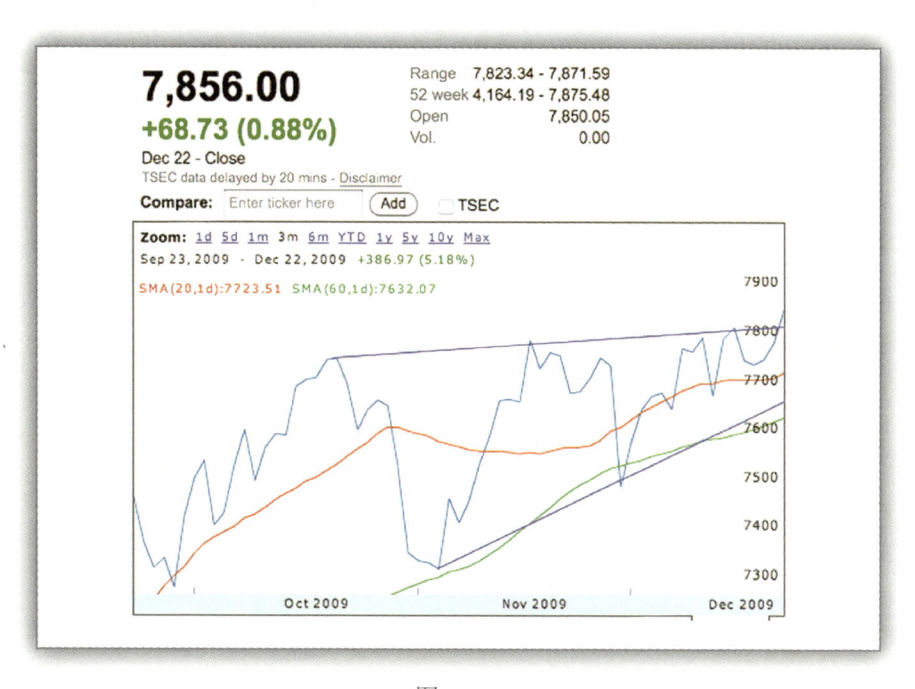

图—58

上走。

综合上面几个理由，所以我判断当时的盘势是要准备走波段上涨。我文章的标题写《接下来的操作请你要小心》，意思是请你小心手上一定要有股票。

结果，后来盘势果然如预期大涨500点（见图-59）。

从上面两个例子，大家有没有领悟到我是怎么判断和规划未来走势的？

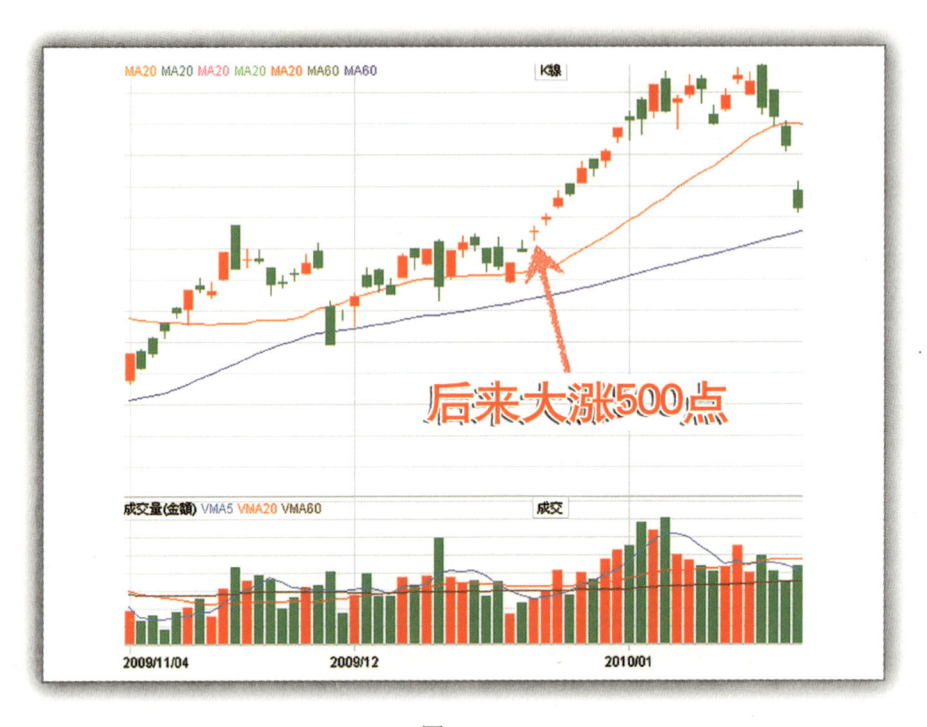

图—59

　　特别要强调的一点是，一定要根据多种现象，从各种角度去综合判断；绝对不能根据单一条件，就一口咬定马上要走空或走多，那失误的几率非常大。

　　我一星期会写一到两篇的行情分析文章，除非有特别情况，例如明显趋势反转，不然大概频率就维持如此。我不觉得有每天写盘后分析的必要，因为趋势不会每天变化，所以不用每天写，而且有时反而会因为太贴近盘势，而作出不理智或是见树不见林的判断。如果你也跟我一样预测未来走势的准度够高，自然可以在盘势大涨前就先布局，在盘势翻空头以前就先出清股票，只要几次预测成功，绩效就会比一般后知后觉的投资人要好很多。

楚狂人语录

买卖股票不应该强求买在最低点,卖在最高点,只要买在相对低点,卖在相对高点就OK。

楚狂人
股市投资
SOP

第六章

逢低买进、逢高卖出必学秘技

- 四个简单方法，真正做到"逢低买进"
- 九个特征，判断逢高卖出

　　本章补充"逢低买进"的四个方法，以及判断"逢高卖出"的九个特征，让你在操作时能洞烛机先，掌握进出场的关键时间点！

图—60

媒体时常教育投资大众，股神巴菲特讲过一句话："众人贪婪时，我恐惧；众人恐惧时，我贪婪。"

所以每当大盘跌了1000点，投资人往往就自己延伸解读，现在已经到了大家都恐惧的时候，因此我应该贪婪，还没进场的可以赶快进场"逢低买进"，进场套牢的不要停损要摊平，完全不考虑其他客观条件。

结果胡乱逢低买进的下场，就是套很多年或是断头，2000年

图—61

从10393点跌到9393点时，是跌了1000点，但当时贪婪的都已经抬出去种了，因为最后跌到3411点，如图—60。

2008年从9300点跌到8300点时，一样跌了1000点，贪婪的也已经入土为安，因为最后跌到3955点，如图—61。

所以逢低买进不是这样看的。单凭感觉应该是低点，就胡乱猜投资人都已经在恐惧中，觉得现在已经可以逢低买进，自己就急着买股，那风险太大了。应该用标准的、客观的测量工具，以后每次觉得该要逢低买进的时候，记得再次检视看看众人是真的恐惧，还是只是自以为大家在恐惧。

四个简单方法，真正做到"逢低买进"

判断现在是不是可以买股票的方法（底部的特征）：

① 成交量，底部成交量一定不高。底部成交量从没有一次冲到2000亿元以上的，为什么呢？很简单，因为当大家发现每次买进都套牢、每次摊平就更平、赔太多也砍不下手时，那通常就已经是空头尾声了。所以当一个月400亿～500亿元成交量的天数占50%以上，而且价格没有再破底，就可以算底部。请注意我的重点是超过半个月的成交量都很低，而不是一天两天很低，偶尔会遇到一天两天成交量下缩，那不算，一定要是"一段时间"内都没有什么成交量才符合条件。

② 以这二十年的台股统计来看，大约以6000点为中线，6000点以下算相对低点，6000点以上为相对高点。所以直接用二分法判断，当大盘没有跌到6000点以下，就绝对不会是好买点，两年内一定会有更低点可以买。

③ 周末去王品牛排、远东饭店六楼欧式自助餐，或是晶华酒店柏丽厅逛逛，如果只有不到一半位子有人坐，那就是差不多可以买股票的时候。这跟有名的鸡尾酒理论很类似，大家都知道在台湾王品集团的餐厅是最火的，几乎永远爆满。对大部分人来

说，王品就是高档餐厅的代名词，庆祝大事情就去王品吃牛排，庆祝小事情就去原烧吃烧肉，庆祝不大不小的事情就去夏慕尼吃铁板烧，所以每次都一定要有订位的好习惯，不然不是败兴而归，就是得在门外等个四五十分钟。

2008年年底的某天下午，我临时想带岳父母一起去吃牛排，心中还在忐忑，不知道下午才订晚餐还订不订得到，结果竟然破天荒地顺利订到六点的五人座位置。我心想可能是运气好吧，到了五点半，因为事情耽搁实在赶不及，就硬着头皮再打去电话试着问可不可以延后半小时到六点半，订位小姐一口答应："没问题，那就帮您改到六点半。"这时候我就想：是不是他们生意变差了，不然怎么可能顺利改时间？

到了餐厅才发现，难怪订位毫无困难，当天总共只有三桌客人。除我们以外，一桌是一对正在热恋的小情侣，另外一桌明显是因为庆祝生日才来的，而不是晚餐不知道吃什么就临时起意去王品。你问我怎么知道？因为服务生在那桌旁边唱生日快乐歌。

当连王品牛排都生意不好的时候，通常就是靠近底部了。果然，那时大盘在4000点附近，刚巧就是在2008年金融海啸低点附近。

王品可能离你家比较远，不好观察。那就看你家周遭其他餐厅，当高价西餐时常爆满，平价牛排餐厅却有空位时，景气一定十分好，可能离高点不远了。反之当平价牛排餐厅人比较多，高价西餐厅却没人时，通常是跌幅很深了，但还不确定是否到低点；等到连平价牛排馆都没什么人，高价西餐厅几近倒闭，这时十之八九离底部很近，是买进股票的好时机了。

④ 当几位企业大老板不约而同看坏景气时，就可以开始准备注意股市，低点应该不会太远，连续两个月没有创新低便可以买股票了。举例：记不记得在2008年年底，记者问鸿海集团郭董事长："郭董，可以发表一下您对景气的看法吗？"郭董事长转过身酷酷地说："景气比你想象中还要坏三倍！！"当天所有媒体都以这番话当头条，那时台股在4000点附近，鸿海在50多元，低点也大概就在这附近了，后来台股涨到8000多点，鸿海也涨到150元。

当然，他们应该不像外资一样是恶意要坑杀投资人，纯粹是看不准，这我很能理解，当时的确气氛很糟，所以又一次验证"最糟的景气，其实就是最好的买点"这个铁律。

当企业老板开始纷纷看坏景气时，99%是相对好的买点，99%是底部附近。我从来没有遇过哪个大老板会在9000点、10000点跳出来喊话说高点已近，一来会因为挡人财路被所有人骂死，二来要出货也不好出，没有一个老板会愿意这样做。

结论：只要用上述这四个简单判断的方法就可以有效抓到底部，你下次可以试试看。

九个特征，判断逢高卖出

谈了底部的特征，再来谈判断何时要准备卖股票的方法（头部的特征）。

头部之所以让投资人闻之色变，在于它总是偷偷地、轻轻地来临，仅有极少数的人会警觉到这是头部。大多数的投资人总是等跌了一大段才发现原来之前的是头部，却只能看着手中的持股长叹："此价可待成追忆，只是当时已枉然。"

头部有几个特征：

① 成交量大。这几年的头部至少都有1900亿元以上的成交量，所以在量能超过1900亿元以后，就要提高警觉。

② 以前一般人觉得是反指标的大妈或大伯，开始来教你买哪只股票才会涨。

③ 八卦或非商业杂志也开始出现股票版面。

④ 商业杂志连续两期以台股当做封面故事。

⑤ 期货常常出现50点，甚至100点以上的正价差。

⑥ 已听说有人愿意借钱去融资买股。

⑦ 大型权值股好一阵子没过高，盘面上热的都是一些小型股或没听说过的股票。

⑧ 只要一下跌，网络和证券营业厅内会出现"最后买点"的声音。

⑨ 一旦执行停损，会被大家嘲笑。

不用去考虑M头、三尊头之类的技术分析，只要看到上述任意几个特征就该小心了。不出清也要减码，我想大家应该都分得清楚"少赚"与"赔钱"这两者可是差别很大的。

所以其实头部没什么好怕的，并不难辨别，只要把持住自己别被周遭人影响即可。判别头部最大的用处在于投资ETF的时候需要避开头部，只要别买在头部，投资赚钱机会就非常大。

特征①就是头部必定伴随着大成交量，而且不会是一天两天的大量，十天内一定有超过五天是1900亿元以上。一定要有大成交量，主力才能顺利出货，如果每天都只有500亿～600亿元，主力根本没办法把股票卖给散户。当遇到1900亿元以上的情况，请务必提高警觉，操作方式很简单，每次遇到1900亿元以上就把股票出掉20%，直到出光为止，然后就先观望不随便进场。

特征②、⑥、⑧就是擦鞋童和鸡尾酒定理，我就不多解释了。

特征③、④也很好理解，一定是行情很热，出现高档急涨喷出走势，书店架上只要是股票杂志和书籍都大卖，所以即使这家杂志不是以报道股市为主，也要搭上这股投资热潮，很凑巧地是每次出现这种情况，通常高点也就差不多了。

特征⑤因为期货是比股票更敏感的一种商品，当期货正价差大到一定程度时，代表市场热度已经爆表，即使不是马上会下跌也是相对高点，当时绝对不会是好买点。像2004年总统选举前，当时的正价差就拉高到上百点，后来价差一收敛，就出现波段下跌。

特征⑦是到头部高点附近时，通常指数已经涨不太动。权值股也未再创新高，市场上反而都是一些小股票轮流上涨，做最后

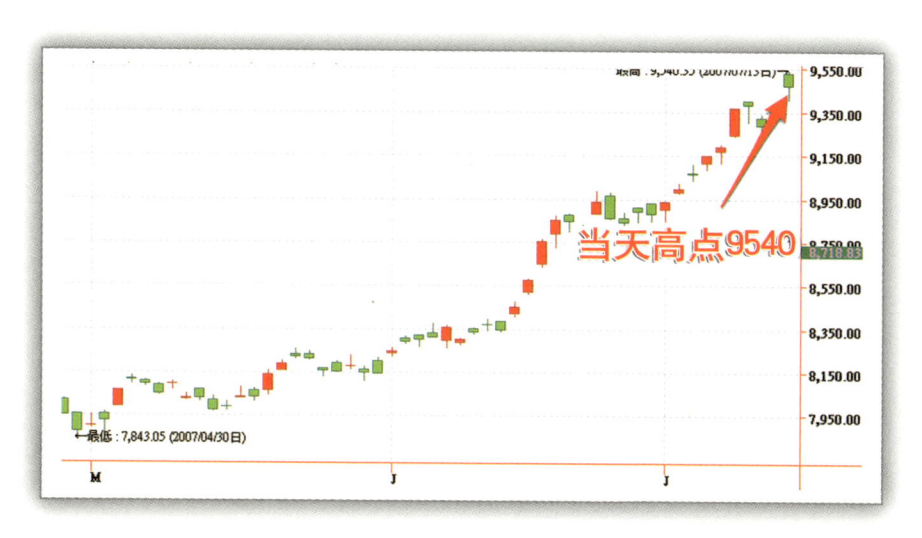

图—62

一波，一方面维持市场热度，一方面掩饰私底下出货的动作。

特征⑨害了很多投资人，因为执行一两次停损后，隔天股价就创新高，每次严守纪律停损出场，都觉得自己像笨蛋，身边朋友同事没停损的反倒是赚得眉开眼笑，还说逢低应该是买点，不要乱停损才对。第三次终于决定咬牙不停损想摊平时，通常这次就真的崩盘了。

写了这篇《头部的特征》后，到了2007年7月14日，当时的盘势如图—62：

我当天又写了一篇《头部特征总检验》，把九项特征一一拿出来检视：

①成交量大。这几年的头部至少都有1900亿元以上的成交

量,所以在量能超过1900亿元以后,就要提高警觉。

　　分析:最近交易量每天都超过了,昨天是2389亿元。(○)

　　②以前一般人觉得是反指标的大妈或大伯开始来教你买哪只股票才会涨,也就是擦鞋童和鸡尾酒定理。

　　分析:不要讲大妈或是大伯,讲你周遭同事就好,是不是你同事也跑来跟你报消息股了?(○)

　　③八卦或非商业的杂志也开始出现股票版面。

　　分析:请大家自己到书店看看有多少本杂志是讲股票的,如果可以用四个字来形容,我会说是:满坑满谷。(○)

　　④商业杂志(不是专门谈股票的杂志)连续两期以台股当做封面故事。

　　分析:这部分要打点折扣,没有当封面,但都有固定篇幅报道,也算啦。(○)

　　⑤期货常常出现50点,甚至百点以上的正价差。

　　分析:这没有出现。(×)

　　⑥已听说某人愿意借钱去融资买股。

　　分析:我有听过几个人说,不过比例没有很高。(○)

⑦大型权值股一阵子未创新高,盘面上热的都是一些小型股或没听过的股票。

分析:台积过高,鸿海、联电没过高,反而金融类的权值股很多都创新高。(△)

⑧只要一下跌,网络和证券营业厅会出现"最后买点"的声音。

分析:这部分还好。(×)

⑨一旦执行停损,会被大家嘲笑。

分析:这部分也还好。(×)

所以九项里面有五项○(①、②、③、④、⑥),三项×(⑤、⑧、⑨),一项有一个△(⑦),第八和第九项还没有出现,因为还没有开始跌,可能高点还没到,但是已经出现迹象了,大家自己小心,最后一段总是很猛,不赚会很痛苦,那就慢慢地赚,不要拼命(还没进场的就别进场了,尤其不要现在去买台股基金,已经进场的就自己小心)。

如果真的是头部就算了,头部起跌段并不会太凶,还有机会断尾求生。最怕的是碰到大多头中的中途修正,那就惨了。

结果,写完这篇没过几天(7月26日)果然开始崩跌,当天就出现3200亿元大量+250点的长黑K,接下来不到一个月的时间就大跌近2000点,如图-63。

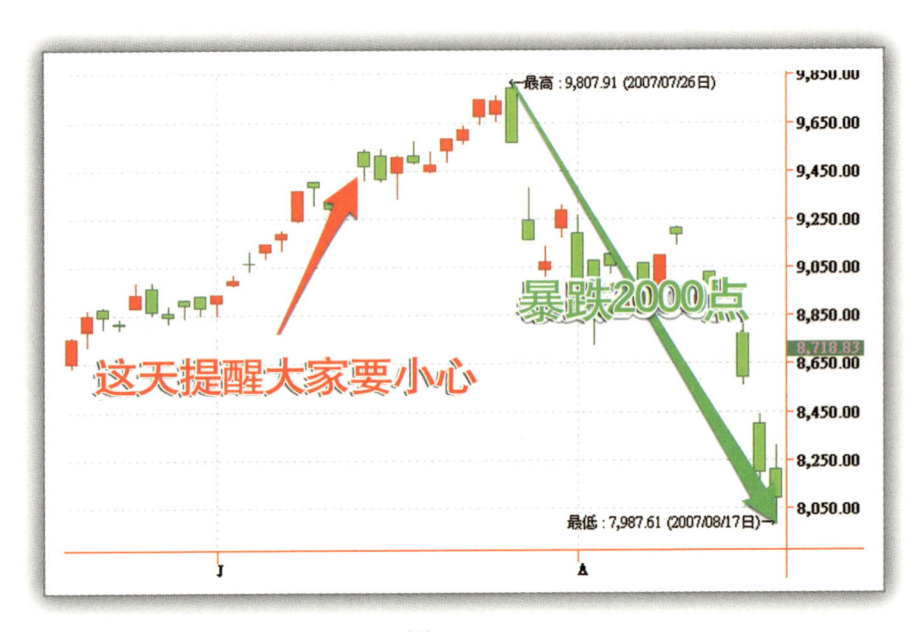

图—63

这次也的确如文中谈的是多头中途修正,因为后来大盘又慢慢涨回去,如果之前没跑的,尤其电子股都超惨,很多股票直接腰斩,后来大盘涨,个股也没有涨回多少。

所以用这种头部特征检验的方法,是可以有效帮助投资人避免买在高点,或是能卖在高点的。

投资观念篇

2

楚狂人语录

要在这个市场生存,甚至赚钱,没什么别的,第一得有正确的投资观念,第二就是好的技术分析方法。

楚狂人
股市投资
SOP

第七章

基本面？技术面？
股价涨跌的真相跟你想的不一样

- 小心你得到的消息是否可信
- 投资股票只需掌握两大重点

　　本章主要教你认清台股市场的黑暗面。操作台股看基本面、消息面都是很危险的，财报和利多利空消息都可以作假，因此与其被假消息所骗，不如学好技术分析操作。

老王这两天心情很差,投了几年的股票和基金,总觉得再怎么说,他也是研究过基本分析、技术分析的投资老手,讲起股票就可以滔滔不绝地从KD讲到MACD,想必绩效应该还可以吧。可是做股票做了这么久,就是没有哪次是大赚,亏损的次数倒是不少。几年来,老王没有一次从证券户头提出获利的钱,反而是过一阵子就得再汇钱进去,不然户头就会干掉。他狠下心到券商处弄来对账单,花了整整两天计算后,发现亏损的金额竟然比想象中还要多得多,这个残酷的事实犹如给了老王当头一棒,不仅击碎了他的自信心,也浇灭了他想靠投资股市致富的企图心。

问题出在哪里?让我们一一检视:

我问老王:你说你会看基本面来操作股票,你都是怎么看的?

老王说:就看股票的EPS、本益比,还有公司发布的新闻消息和分析师分析的报告。

我轻叹了一声:难怪你赔钱。

小心你得到的消息是否可信

有件事要先弄清楚,台湾股市是很黑暗的。台湾股票市场小,所以主力黑手可以任意操弄大部分公司的股价,不只是靠银弹攻势,更黑的是公司派和主力时常有挂钩。主力跟公司派说好有好消息先压着别发,因为还没吃货完成,等到货吃得差不多了,筹码都被主力吸走,很凑巧地公司就开始发一些利多消息。

主力不止一批。这批主力会跟另外一批主力说好，这档股票我们预计拉到几元，大概几元以后换你们接手，等另外一批主力也赚到盆满钵满，就让公司派把最后的好消息一次大声公布出来。同时股评师也跟着进场，等到最后一波喷出，主力把大部分股票顺利派发给散户，这时散户会发现：奇怪，明明这档股票利多消息一波接一波发过不停，怎么不涨反跌？

那是因为主力已经出场出得差不多了。持续清仓中，散户开始套牢，不过这时市场上还是有"逢低买进"和"这是最后买点"的声音。等主力全部出清，股票没人往上拉，散户又都套牢的时候，股价就开始崩跌。接到最后一棒的散户，不是严重套牢、股价腰斩，就是融资买进的股票通通断头。

等股价跌了五成以上，公司才施施然开始发布利空消息。例如：获利不如预期、国外大订单取消。法人研究报告与媒体也跟着发布看空这档股票的报告和新闻，市场一致看空这档股票，于是股价再次暴跌，慢慢跌回起涨点。散户通常会在这时顶不住一波波的利空消息而停损，停损价格大约是原先买进价的1/3。

会停损的散户都卖得差不多了，还没停损的大概这辈子也不打算停损了。这时主力和公司派又开始慢慢把市场上的筹码买回，花大概三个月到一年的时间让股价稳定盘整，让市场上关于这档股票的消息慢慢沉淀，成交量也持续缩小。当公司派评估未来一年的接单情况会有明显增加，营收同步大增时，就准备开始拉高股价。于是重新跑一遍：进货→拉高→放利多→出货→砍单的标准流程。

以上说的是比较有良心的公司和主力，确定公司营运会转好才开始拉。有些更黑心的公司和主力玩的是空手套白狼，发利多都是一些子虚乌有的消息，例如：传出即将接到国外大厂的超大订单、市场传言即将被Google或Apple并购。怎么上去就怎么下来，等主力出场后，经常跌到起涨点之下，散户同胞永无解套之日。

公司发布消息可以早一点，可以晚一点；好消息时常大声讲，坏消息总是藏在新闻稿的最后一点，只差没改成最小且颜色最淡的字体。公司发布消息给媒体，说有可能被某国际大厂并购，或是可能接到独家超大订单。媒体发布后，等股价涨了一段再出面否认说，这只是传言。这次接到订单先把消息隐藏起来，等消息灵通人士都买好股票以后再发布；和会计师谈好怎么做账比较好看，把明明是一次性收益做成两年持续性收益。

总而言之，公司派和主力黑手可以变的把戏太多了。如果单看消息面去操作股票（这也是大部分投资人误以为的基本面操作），被套牢、被断头的几率几乎是100%。

投资股市只需掌握两大重点

老王除了他自己以为的基本面以外，还会看一些技术分析。

我问：你都参考哪些技术分析指标来帮助操作？

老王说：我都看KD值和RSI，除了这个还会画趋势线，偶尔会参考黄金交叉和死亡交叉的股票。

我说：愿闻其详。可以麻烦你大概解释一下吗？

老王说：像KD就是向上交叉买多，向下交叉出场；RSI也差不了多少；趋势线就是把每根K棒的最低点或最高点连起来；黄金和死亡交叉就用5日和20日均线交互判断。

我说：结果好用吗？

老王说：不太好用，时常是指标出现买入信号进场就被套，出现卖出信号出场就喷出，跌了好久才知道要出场，涨了1000点才准备进场。来来回回被揍很多次，几乎没有一次有好结果的，技术分析比基本面还不实用。

我说：技术分析不是不实用，是你乱用一通。你刚刚讲的几个方法全是错误的，KD不是交叉向上就可以买多，起码要加上在低档这个条件，而且还要小心指标钝化的问题。趋势线也不是单纯把最高最低连起来就好。还有最重要的一点，大多数情况下，不能单看一个技术指标就决定现在是好买点或是好卖点。技术分析是需要综合判断的，这样判断走势的胜率才会高。

除此之外，技术分析如果学得不好，时常会被主力黑手骗线，主力会故意做一个黄金交叉或一个KD交叉向上，因为他们知道很多散户都根据这几个技术指标进出，既然散户喜欢看这些指标，主力就做个假的给大家看，等到都骗上车了再杀。所以虽然技术分析很好用，但是用得好的人却不多，这就是我的SOP要教给大家的部分。

大部分投资人都不知道台股市场有多黑暗，消息可以是做的，线图可以是做的，甚至财报都可以是做的，这才是台湾股市的真相。但是大家也不用灰心，即使台股赔钱的人很多，我们还是能找到好的方法来赚钱。

要在这个市场生存，甚至赚钱，没什么别的，第一得有正确的投资观念，第二就是好的技术分析方法。前面教了大家我的SOP，接下来的几章要让大家建立正确的投资观念，内功心法都学会了以后，搭配之前学到的操作技巧，这样可以帮助你极大化获利、极小化亏损，大赚小赔久了，自然就能靠投资股市达到致富的目的。

楚狂人语录

在投资理财的道路上,请永远记住一句话:免费的才是最贵的。

楚狂人股市投资SOP

第八章

邪恶的外资法人与不可尽信的媒体

- 听信外资,让我受伤惨重
- 媒体也一样,曾不止一次让十几万读者赔大钱
- 免费得到的消息股,是裹着糖衣的毒药

　　这一章介绍邪恶的外资法人骗死人不偿命的惯用伎俩。消息灵通的外资竟然会报出百发百不中的盘势预测,这实在很难让人对外资报告不产生合理的怀疑。同时也把很会说故事的某杂志的具体害人事实,毫不夸饰地揭露给大家。再次提醒股民朋友,不要看这类杂志有关股市投资的文章,否则一不小心就会被说服而胡乱操作,导致赔大钱。

在台湾做股票有三大不能看：1.股评师的节目；2.电视、杂志、报纸的个股分析；3.分析师的分析报告。没看没事，看了反而出事。

报纸上写着外资卖超百亿，同时看到不止一家外资证券分析师表示，看好台股在近期会大涨；又发现某家外资看好某某个股会有爆发性成长，下一季营收会大增100%，结果在卖超排行榜上发现这家外资大卖这档个股，是卖超第一名。

这是什么目无法纪的世界？

听信外资，让我受伤惨重

十几年前，我也把外资的投资建议奉为圭臬，因为心想身体的问题要听医生的，那投资方面的问题当然要听外资的，结果因此受伤惨重。

我自己的惨痛经验是发生在十年前。2000年网络股泡沫，大盘从10393点跌下来，我在9200点就听外资建议说已经是逢低买进的好时机了，就大举把积蓄投入，跌到8000点时，外资开始纷纷呼吁现在是逢低买进千载难逢的好时机，我又一次流着眼泪再摊平，跌到7000点时，外资与投信法人全员出动，大声疾呼说现在不买一定后悔，于是我只好揉着心肝、揪着大腿肉，把吃饭钱也投进去摊平，最后在跌破6000点时通通断头断光，最后跌到3000多点。如图-64。

后来，我发现外资在物色好一档股票之后，会想尽办法让

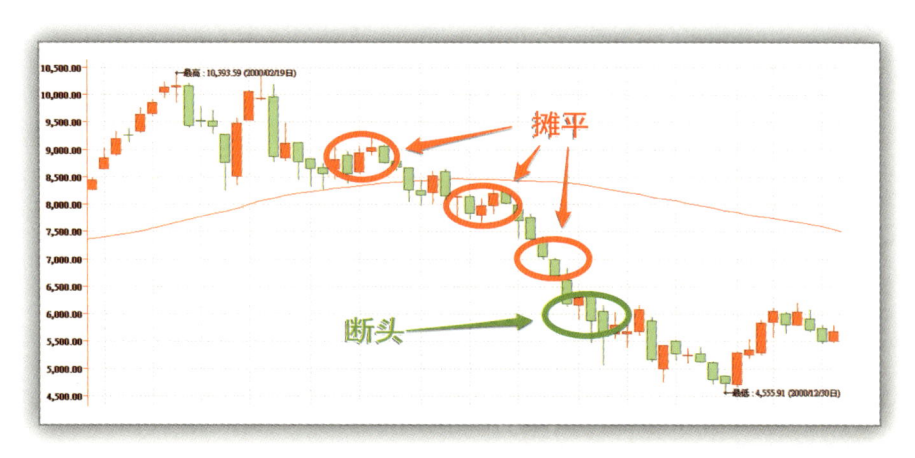

图—64

你知道这档股票的基本面有多差，前景非常不看好，未来财测会大幅向下修正，一切都为了要把股价压低，让他们好逢低买进，让你出场在最低点，私底下他们却在偷偷买进。反之，当外资要出货的时候，就会"连续性"地大声嚷嚷，这档股票未来将有突破性的发展，每股盈余会倍增，把目标价调高到至少是现在价格的两倍以上，现在市价是100元，目标价格至少是200元，让投资人放松戒心，想说"我不贪心，等150元再卖就好"。事实上最高价可能只涨到110元，甚至消息公布当天就是高点，之后就稳定地大跌小涨走波段行情。没错！他们之前就已经在卖这档股票了，当新闻说外资看好时，就已经卖得差不多了，开始不计价杀出，你常会发现在当天卖超排行榜上前几名的，都是喊买进这档股票的外资下的毒手。

例子真的随手可得,就看2008年台湾地区领导人选举这个重要事件好了。在选前就有很多外资喊口号:"马上"12000点,"谢上"破6000点。

"谢上"会不会破6000点,我们已无从得知,但是我们知道"马上"了的结果,从"5·20"就职当天的9300点起跌,当天就跌了200多点,一路跌到年底的3955点,真的听信外资建议去买股的投资人都"音容宛在、壮烈牺牲"了!

后来,我才从朋友那里知道真相。那个朋友在投资银行工作,他说他们都会做两份研究报告,一份是提供给他们的付费客户,另一份公布在媒体上,两份内容完全不同。所以其实外资是有实力判断出股市接下来的涨跌,只是心黑了点,不愿意平白无故告诉一般投资人罢了。

媒体也一样,曾不止一次让十几万读者赔大钱

"坏人"不只外资一个,还有一群!平常会习惯陷害散户朋友的,那就是媒体。

影响力较小的媒体就不提了,某些杂志100%是"出货周刊",我也是多年前被连续骗过很多次,才警觉到原来里面报的股票都是已经三手、四手消息,看了周刊才进场的,铁定接到最后一棒。因为某周刊成立有投顾公司,里面很多老师在带单。先假设投顾老师功力很高强,每个老师都带有会员,会员又分等级,从钻石级到宝石级到黄金级、白银级,最后才是一般的普通付费会员。报

股票当然也是从钻石级拿到第一手消息，一般会员拿到第五手消息，不过虽然是最低等级的一般会员也是有付费的，如何能确保这些会员能顺利出货？就只有卖给买周刊的读者朋友了。当然这里是假设投顾老师都很厉害，如果假设本身就错误，投顾老师只是很会讲话的推销员，那跟他的投资人一定更凄惨。

我印象最深刻的是，某周刊在2008年7月某期的封面故事是《五折买好股——SARS之后台股最佳买点出现》。文中不断出现的耸动叙述，看了会让人心痒痒的，例如："低本益比，台股太委屈"，"年底上看11000点。如果涨到11000点，现在你7000点进场，半年后投资报酬率会高达六成"，"即使最最保守估计只涨到9000点，投资报酬率也有近三成"。

然后文中举了两个号称"便宜股猎人"的故事，一个是股市神秘金主，一个是操作台股长达二十年的老手，不约而同地决定要把握机会在7000多点进场。

整篇文章写得引人入胜，让读者不由自主生出有为者亦若是的感觉，于是几十万读者一起在7000多点进场。

看一下当时的K线图，出刊日在这附近（见图-65）。

图-65

如果跟着便宜股猎人一起进场会怎样？

看右边这张图（图-66），后面大跌3300点。

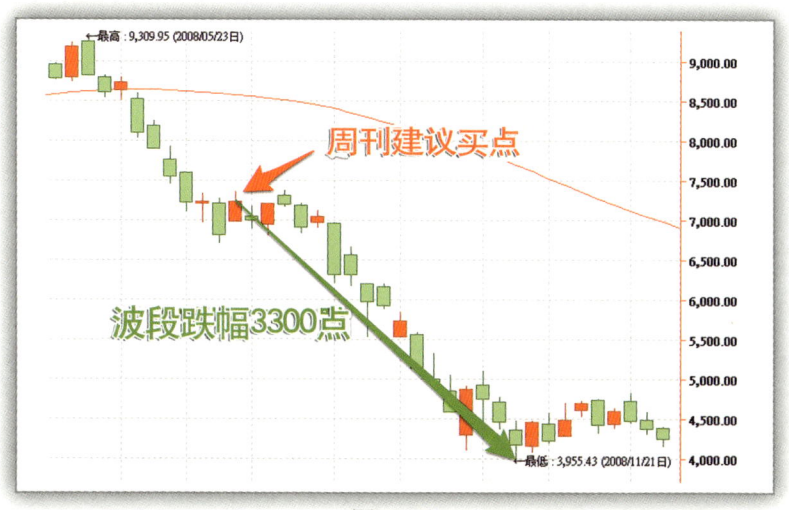

图—66

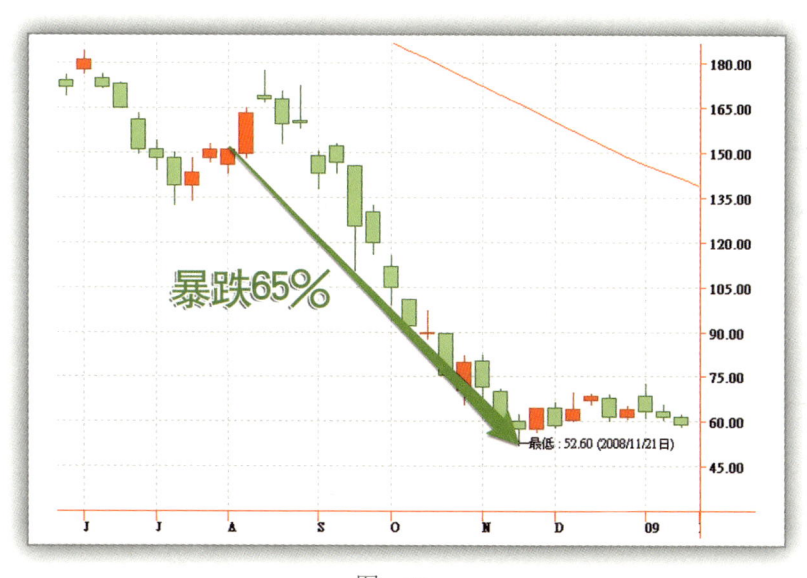

图—67

　　文中推荐的几档股票，例如鸿海，当时在150元左右，年底跌到50多元（见图-67）。

例如鸿准，当时在145元以上，年底跌到60元（见图-68）。

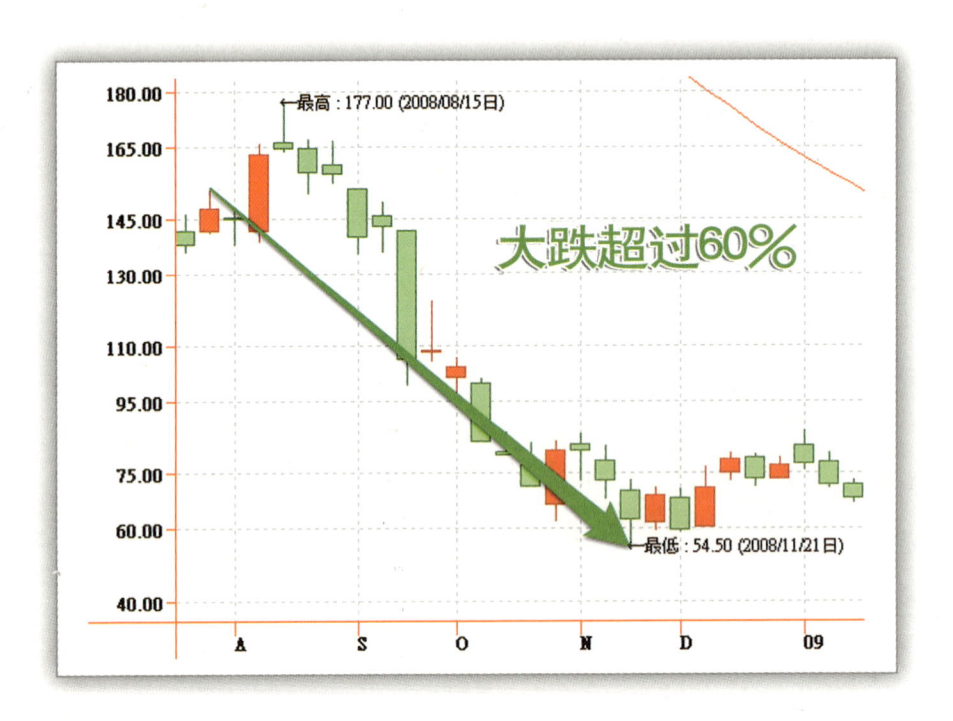

图-68

例如友达，当时在40元左右，年底跌到20元（见图—69）。

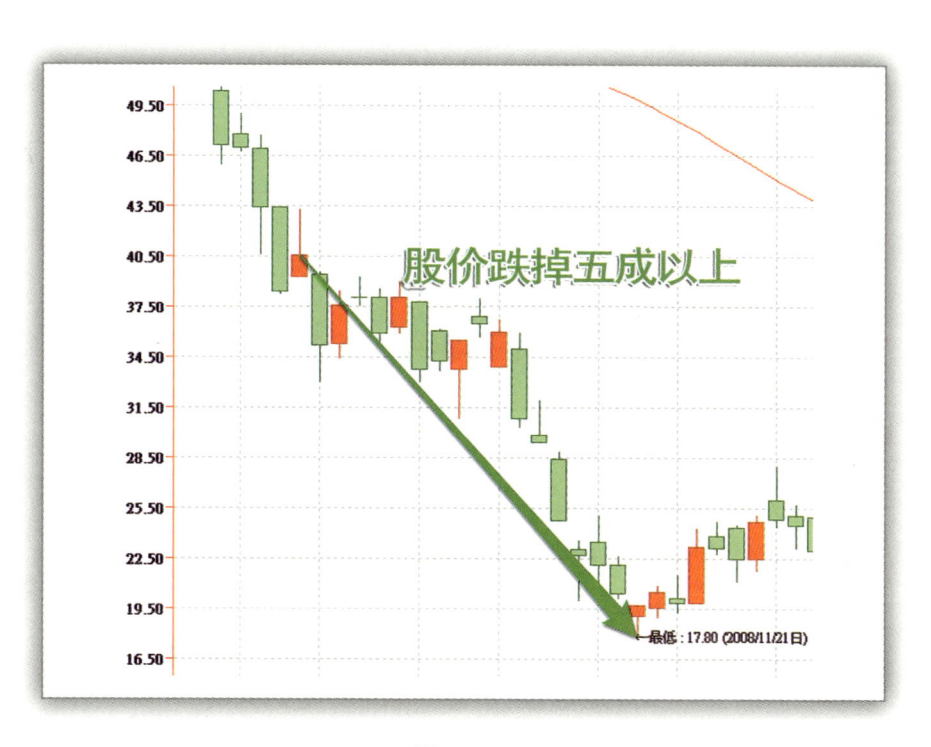

图—69

所以这些杂志在谈股市时，大家最好就当笑话或童话看，要是怕被影响，就干脆不要看，真的很危险。最可恶的是后来盘势下跌，明明之前刊文就判断错误，也没有再重新做另外一次认错或看空的封面故事来补救。这些杂志忘了自己是周刊，只要勇敢承认错误，过两个星期赶紧写一篇提醒大家之前判断错误的主题故事，其实是可以及时挽救之前被骗下海的十几万套牢读者的。但是他们最终还是选择了沉默，当做从没有发生过这件事，毕竟权威级的周刊怎么会看错行情呢？

免费得到的消息股，是裹着糖衣的毒药

还有一个也害了很多投资人的管道，那就是与投资相关的财经电视节目。电视节目有时会邀请一些分析师来谈行情看法，推荐某些股票，那些被点名的股票，不管分析师讲得再好，建议大家马上把它们从你的观察股里面删除掉，碰都不要碰，十之八九都已经是高点，买进套牢几率超高。

原因很简单，他们也是家里有老婆孩子要养的，之所以特别推荐某些股票，就是为了帮他的会员出货，毕竟付费会员才是他们的衣食父母，电视观众既然没付费，就只能靠边站了。

在投资理财的道路上，请永远记住一句话：免费的才是最贵的。

有线电视台的那些股评师，基本上永远只会把大赚的例子挑出来讲，却提都不提没赚和大亏的例子。讲到下一档会狂飙的

股票时，总是遮住股名，没加入会员的只能干瞪眼，这些老师有好有坏，做生意总是好的大声讲，坏的小声说。这很正常，大体上，如果你加入以后，发现这个老师从不带你停损，只是一直讲要有信心、要摊平，那我建议你赶快认赔，不能再跟单，不然很有可能一次就血本无归。到底这个老师值不值得加入？只有花钱跟了才会知道。老规矩，妄想免费得到投资建议是不可能的，即使拿到也是没什么价值的数据，一切都和刚刚说的一样，不要钱的才是最贵的。

如果你不想花真金白银去试哪一个老师是真的可以带你赚到钱，建议根本不要转到那几个台，连看都不要看，不然那些老师都是舌灿莲花，很容易就被影响到。而且，如果运气不好跟到烂老师，那可是会费和股票一起加倍赔啊！

楚狂人语录

问题从来不是你没有努力工作,而是方向不对,再努力也没有用。

楚狂人
股市投资
SOP

第九章

新手到高手的最速快捷方式
——做一份自己专属的投资日志

● 新手写投资日志加速经验累积
● 老手写投资日志更精准掌握盘势

　　股海无涯，唯勤是岸。为什么有些老股民操作股票二十年，还是摆脱不了赔钱的命运？为什么有些厉害的投资人一两年就从新手晋升为高手？本章告诉你如何有效率地练功，在最短的时间内成为赢家。

如果你曾经投资股市，却未能获利，你可曾分析过原因？是因为误信分析师的推荐，还是听了亲朋好友的消息股？赔了钱有没有学到教训，还是下次会重犯同样的错误？

如果你曾经获利，还记得赚钱的原因吗？是因为仔细研究过公司财报加上技术线型筛选，以及耐心地等了一年半，终于等到低点买进，然后长抱两年卖出，获利三倍；还是只是运气好，想买联发科却买成联发（纺织股），结果刚好联发获利暴增、股票大涨，就让你蒙到了？那上上次又是因为什么原因而获利呢？

为什么有些人可以在一两年内抓到投资的诀窍，进而获利，而大部分的人却做了二十年股票还是一样赔钱？因为前者会记取教训，例如：我这次因为不知道或舍不得停损而大赔，那我就把"停损"两字"烙"在手臂上，确保下次会记得；我这次因为听信外资的骗人报告，而接到他们要出货的股票结果腰斩，那我就把"不要相信外资"这句话写在计算机屏幕前，随时提醒自己。一次两次后，功力自然会进步，错会越犯越少，钱自然会越赚越多。

换句话说，这次我赚钱可能是因为大盘成交量只有400亿～500亿元左右时全力买进台湾50，一路抱到成交量超过2000亿元才卖出；可能是因为觉得以中钢这种稳定获利的好股不应该只值每股20元，所以买进，结果赚了一倍。每次赚钱的过程和原因的重要性并不会低于赔钱所学到的教训。因此，记录自己的投资日志，会是让投资功力长进的关键步骤。

新手写投资日志加速经验累积

怎么写投资日志呢?并不是把成交记录抄下来就好,那没有意义。初学者可以这样做:

2011年3月28日(周一)

今天同事建议我去买××股,上网做功课,原来这家公司是做面板的。听说因为苹果公司的iPhone和iPad大卖,业绩成长很多,做面板的行业,感觉起来不错。买一张在100元。停损点先设10%,跌破90元就卖掉好了。

2011年3月29日(周二)

跌了2元,账上亏损2000元,让我心情不是很好。听说是因为有外资喊空,建议投资人卖出,所以大家跟着卖的关系。但还没跌破停损,继续抱着。

2011年3月30日(周三)

YA!爽爽爽!

今天涨6元,而且是高开高走+收盘收最高在104元,差一点点就涨停,昨天外资喊空,结果今天差点涨停!看来外资的话不能听。用楚狂人教的停损点移动法,现在停损点从90元移到94元。

2011年3月31日(周四)

……

2011年5月20日（周五）

这两天表现不是很好，收盘确定跌破移动停损价位130元就出场了。这次的操作很棒，100元买进到130卖出，赚了三成。

反省与心得：

① 这次操作有差一点就被洗出场的情况，也遇过盘中已经跌破结果收盘又涨回来，可见以收盘价为准是有道理的。

② 外资的话不能听，他们叫大家卖出，结果股票就往上涨。

③ 运气不错，买进后第二天就拉出长红棒，后来也没有再跌回来。除了第一天外都是获利的情况，没有经过什么套牢的压力。下次可能运气不会这么好，所以要想想，如果下次买进就套牢好几天，自己是不是能承受。

④ 虽然没卖出股票，不过每天心情还是跟着股票涨跌在波动，尤其一开始几天，上班都一直想偷看股票，有几次差点被老板发现，真可怕。我决定下次买股一天看一次就好，收盘前看看有没有跌破移动停损，没有跌破就续抱，跌破就出场，这样操作会比较健康。

⑤ ……

建议每个投资人都写一本属于你自己的投资笔记（或投资日记）。记录下每次操作前所作的准备、买进点的选择、持股期间的心理变化、最后卖出的原因、感想与反省……每天花三到五分钟就够了，只有出场后的反省和心得要写仔细一点。一次、两次、三次，慢慢记录每次操作的经过。试想：有哪本投资理财书籍比专为你自己写的这本更有价值呢？

边写边回头检视，把做错的改掉，把做对的复制，你的投资学习历程铁定会比大多数人要短。统计报告显示，其实大多数投资人永远重复在犯类似甚至相同的错误，所以赚钱的人远少于赔钱的人，也就不让人意外了。

老手写投资日志更精准掌握盘势

上述记录方式是初学者的写法，如果你是老手，还是应该写操作日志，不过写法和初学者就不一样了。你可以这样写：

2011年3月28日（周一）

今天利用"强势股选股技巧"选出一档股。

看了线图觉得还不错，这阵子表现蛮强的，而且昨天同时满足"突破盘整区间"和"带量大涨"两个多头条件。

接着看大盘
1. 以国际股市来看

从美股到亚股都很强。

2. 以均线来看

①只有5日线下弯，其余均线上扬。

②月线支撑××××，季线支撑××××。

3. 以量能来看

1642.19亿元，较昨日少一点，我想是因为今天是收黑的原因，在还没看到连续2000亿元以上大量之前，都还是相对安全的。

4. 以波浪来看

目前看来是五波上涨中的第三波，第三波的操作秘诀就是追，并且选择最强的股票追。

别忘记：

①9300～9600点为密集套牢区。

②观察电子股量能是否增加到攻击量。

③前波大量区为重要支撑，大约在9210点。

老手在写投资笔记时，除了记录个股涨跌以外，务必要搭配大盘的观测和规划，避免见树不见林的情况（第三章解释过，为什么除了个股还要特别观察走势）。等到投资功力更精进时，还可以把期货选择权的部分也加进来综合判断，并且每次评估是否符合形态学和阴阳线理论的线型。

这样写盘前分析的好处是,在盘前就已经把当天盘势规划好,不管盘势怎么走,都有预先想好的策略应对,遇到各种情况就只要按表操课即可。突然遇到大跌或大涨,也不会慌了手脚、不知道该怎么办才好,而且在盘中看盘时,也因为有明确的方向,心里会很踏实,能够以平常心操作,自然会胜率大增。

做一份你专属的投资记录和心得,除了对你财富增加有帮助以外,若干年后再重新看看以前做过的成功交易或耍笨交易,也是一种享受,不是吗?

楚狂人语录

市场上的钱赚不完,但是你口袋里的钱赔得完。

楚狂人
股市投资
SOP

第十章

投资金融商品最重要的一件事
——资金控管

● 风险越高的投资占比要越少

　　资金控管是投资胜负的最后关键，本章介绍如果资金控管不善会有什么致命伤害，做好资金控管又可以得到什么好处。

为什么资金控管很重要？因为你我都不是神，根据股市测不准定理，明后天的股价要怎么走是很难判定的，即使很有把握，还是有可能遇到突发状况。例如"9·21"大地震，谁也没办法在事前就预测到，所以虽然很残酷，但是操作这件事真的是只要进场就有可能赔钱。而资金控管的目的就在于给自己卷土重来的机会，也就是保留参赛权。还记得"3·19"枪击案时期某陈姓女士两天惨赔上亿的传说吗[a]？这就是没有做好资金控管，只要行情没照预期走，很容易就因为一些意料之外的情况而受重伤。或者是像以前的"两国论"、"9·11"恐怖袭击、停建核四、唐飞下台之类的天灾人祸、政治大利空，也都是开盘就跳跌停，根本逃不掉。

近期的大跳空是2009年4月的连续三个涨停。那次大涨多方欢声雷动，但是很多期货放空、选择权做空的朋友被轧到断头。而且其实这种人还不少，因为当时的情况是大盘波段下跌300点，如图-70。

做期货选择权的手上几乎都是抱空单过夜，周五收盘后突然传出一个不算什么利多的小利多——中资将投资远传，摩根电子盘就开始飙涨，隔天台指期货开盘直接跳空涨停。空单一片愁云惨雾，虽然后来打开了一下，不过很快又锁起来了。如果没有把握住那唯一的机会，隔天又一支涨停在等着，大笔大笔的空单断头回补。我认识的就好多人中招，前一天是空单留仓，账上获利

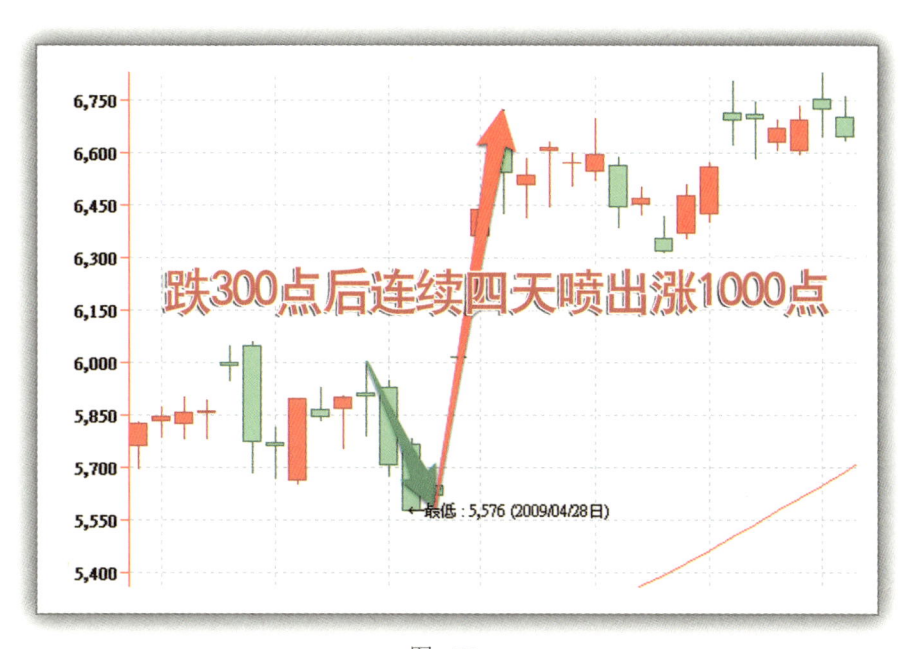

图—70

200点，结果过两天还是空单留仓，账上亏损500点，如果资金控管没做好，真的是一次就领取毕业证书，账户完全归零。

风险越高的投资占比要越少

基本原则是"风险越高的投资商品要买得越少"。从风险由低到高依序为定存→共同基金（这还可以细分债券型、股票型或是全球型和单一国家型）→原物料→股票（定存股→ETF→成长股和景气循环股→小型主力股）→期货→选择权。共同基金和一些比较稳定不太可能会倒闭的股票，在低档的时候可以拿八成资金买进，而期货或是选择权即使很有把握最多也只能做五成。凡事都要先做好最坏的打算，谁也不知道明天会发生什么事情。如果你敢留仓过夜，那就要想好：如果今天晚上发生重大利空而导致明天像"3·19"那样连续两天跌停，你能不能受得了，会不会一次毕业。我个人习惯是拿期货账户里面两成左右的资金来做，这样就算连续跌停也不会断头。

除了怕开盘直接跳空以外，资金控管第二个目的，在于防止融资做股票套住却没钱补被断头，或是期货、选择权被来回修理，做多的时候行情就下跌，翻空以后就大涨，也就是连续做错赔钱，例如一次赔50点，连赔五次就腰斩了，而期货连续方向错误是很有可能发生的，每个期货投资人都一定碰过。股票投资人如果没有做好资金控管，很有可能因为押太大又融资操作，若不巧刚好选到的股票表现又不好，连续停损几次就会重伤。所以如果只会停损这一百零一招，而不会别的增加胜率的操作方法，和不会停损的投资人唯一差别，只在于一个是慢慢死，一个是一次死。

第三个目的在于减低压力。金融操作，只要不是用平常心操作，就一定会时常不由自主地做出卖在地板和买在天花板的蠢事，只要全买下去，期货赔个100点就两成不见了。股票也是，跌两个跌停板就消失14%，融资就消失35%，该停损时又舍不得停损，越舍不得停损，就越容易一次毕业，而减低持股比例，自然能减轻压力。当投资人能成长到不把钱当钱的境界，才会稳定获利。话说回来，要真的不把钱当钱当然是不可能的，唯有不要押太大才可能做到。如果这笔钱赔光后，小孩学费缴不出来或房子被查封，而还能冷静操作的，应该不是人类吧！

所以"资金控管"的重要性不言而喻，大概和停损、顺势操作的等级差不多，这是每个投资人都应该在进场之前就先规划好的动作。虽然会比全押赚得少，但"金融投资不是在比顺山顺水的时候谁赚得比较多，而是在比不顺的时候谁亏得比较少"。这才是投资的正确态度。

㊟ 2004年地区领导人选举，大部分人都乐观看待，当时普遍的看法是，不管蓝或绿谁当选，都会有庆祝行情，蓝胜就大涨，绿胜就小涨。所以据说那时有位大户陈女士在选举前几天开始买进期货多单，总共买了600口台指期货（利用的期货高杠杆特性，所以600口期货相当于买了8亿多元的股票），想说这次应该可以赚翻了，隔天只要台股涨一点就可以赚12万元，要是真的蓝营当选，可能直接跳空大涨300点，立马就有3600万元入袋。天知道竟然发生枪击案，连着两天跌停，最多跌了近1000点，除了期货被强迫断头以外（8000万元就不见了），还倒欠期货商5000多万元。至于后来这位陈女士如何处理，就没有再听到消息了。

楚狂人语录

没有哪种投资方法是完美的,你应该选的是最适合你的投资方法。没有最完美,只有最合适。

楚狂人
股市投资
SOP

第十一章

选择适合自己的投资方式

● 不是每个人都适合拿巴菲特当偶像

本章带给你一个很好的投资观念：进场前先了解自己的个性，找出适合自己的投资方式，才是获利的保证。

在进场操作以前，请务必先确定你够了解自己的个性。因为很多投资人操作失利，都是因为没有真正认清自己。怎么说呢？

猪大哥看了我的博客文章之后进场操作，认为操作应该很简单，就只要照我说的"做对赚钱就续抱，做错赔钱就停损"去做就好，长期下来自然会大赚小赔。可是真的进市场后才发现，大赚要靠技术也靠运气，而小赔能不能不要变成大赔，就靠纪律了。而猪大哥发现，自己完全做不到停损不眨眼，对他来说，停损跟割自己的肉没什么两样，最后就只好放弃操作，觉得这辈子都不可能在股票市场赚钱，唯一适合的投资工具只有定存。

猪二哥则不清楚自己的个性其实不适合把操作周期缩太短。他可以勉强做到强迫自己认赔杀出，但是每次停损砍单都会眼眶含泪，一百个不快乐。他没发现其实自己是属于神经紧张型，停损以前就会想：这次停损就会实现亏损多少，如果换成平常舍不得吃的高档牛排就可以吃两百多份，换成想了很久却实在买不下手的iPhone就可以买十几只。除此之外，猪二哥还因为每次操作都让自己很不舒服，压力过大，导致心理和身体也都常常出状况。

猪小弟刚好很能接受"做对抱牢、做错快跑"的操作观念，但是因为看了股神巴菲特的传记，就觉得操作不能短进短出，不能赚差价，一定要选定好股票后就逢低买进，一抱三十年不卖才是王道。但是因为自己每天都想进出，看了手中持股赔钱，就想赶快认赔、换成强势股，跟偶像操作方式矛盾，每天都在天人交战，操作绩效当然也不会好到哪里去。

你看出了问题在哪里吗？

不是每个人都适合拿巴菲特当偶像

操作金融商品之前，请务必先做一件事：确认自己的星座、血型为何，去书店翻翻星座专家、血型专家的书，搞清楚自己的个性是属于哪种人，再找出适合自己个性的投资方式。

猪大哥、猪二哥不能很自在地停损认赔，一点也没有关系。巴菲特也没在停损的，人家不一样是股神？只要把握"在好价位，买好股票"的八字箴言，长期来看，投资报酬率一样会很不错，而且因为是好（低）价位才买股，买的又是好股票，根本不用停损也无所谓。这样的操作方法除了绩效不会差，还能让投资变成是一件很舒服的事。每天也不用花大量的时间去看盘、做功课，好处简直说不完。

但我相信，还是有很多人像猪小弟一样，每天不交易就不舒服，手上没有持股，就不踏实。

对猪小弟来说，停损并不难，这是交易的一部分，就像呼吸一样自然。交易次数多寡，没有对错，买高买低也无所谓，只要能卖更高就好。只要不把巴菲特当偶像，也许换成投机客索罗斯会比较适合。

结论就是，金融交易方式有千百种，无论你是哪一种人都一定可以找到适合自己的投资（投机）方法。没有哪种比较好，没有哪种一定赔，只要能赚钱，而且操作起来舒服，对你来说就是好的方式。

楚狂人语录

如果你佩服巴菲特,请学习他金融操作的方式和态度。

楚狂人
股市投资
SOP

第十二章

股市投资的必备商品——ETF

- 台湾基金的局限
- 买基金一定赚，是真的吗
- ETF才是最好的基金

　　解释台股股票型基金的优缺点。直接找出过去血淋淋的例子，说明不建议操作这类基金的原因，介绍ETF的优点与正确的操作方法。

大部分初学者第一次接触投资理财都是从基金开始，而且十之八九都是突然哪天存了一些钱，又听长辈或同事说应该及早开始学习投资理财，就跑去银行或基金公司买基金。当然，用功一点的人会先上网看看，买一两本杂志研究，但大部分只学到基金分为单笔和定期定额，要波段操作，长期下来就会赚钱。其中90%会选择定期定额，因为书上都说这样可以有效降低成本，等到涨高就可以赚钱。

书上还说，基金是最适合上班族的投资工具，只要耐着性子长期投资，一定会赚。而且有专业的基金经理人帮忙操盘，我们不懂没关系，把钱交给专家，专家一定可以帮我们创造出很大的利润。基金风险很低，可是获利无穷。

看起来是完美无缺，但是实际上呢？

就我身边的亲朋好友来说，赔钱、赚钱的比率大约80∶20。赚钱的也赚不多，只有极少数刚好某一年赚到30%以上，但并不是常态，问题出在哪里呢？

为什么这种表面上很棒的投资工具，实际上赚钱的人却很少呢？

先解释一下何谓基金。大部分的基金就是基金公司选择一个市场（例如台湾股市、日本股市、美国股市……），然后基金经理人根据自己判断买进或卖出其投资市场内的商品，也就是投资台湾股市的就买卖台股，赚取差价，而赚或赔的钱会影响到他的基金净值，原本可能是一个单位10元，因为买了台积电赚钱，所以一个单位涨到11元；如果买了某地雷股赔钱，一个单位可能跌到8元。几乎都不会偏离这个操作。

台湾基金的局限

了解基金以后，我们来看为什么做基金赚钱的赚得不多，赔钱的却赔得不少的原因。

基金通常会持有十档到几十档股票，乍看之下是风险分散了，但是在台湾奇怪的规定和环境之下，往往未见其利，先见其害。政府规定，无论是多头还是空头，基金持股都规定一定下限的比例。简单来说，就是大空头趋势下（何谓大空头，粗浅来说就是一眼望去股票几乎都在跌就是了），也被迫要买进或是持股续抱，即使知道不卖不行，但法律规定不准卖，只能看着它跌。

其次，台湾市场太小，投资人又不喜欢做功课，买基金永远只看这个月绩效最好的，所以基金经理人很自然会被迫去追逐市场上的热门股，呈现十档持股全部都是一天只有不到1000张交易量的上柜小型股票，或是十档全都是证券类股之类的怪事，自然而然就没办法分散风险了。

再更深入点看，之前我们提到的基金经理人真的够专业吗？根据投信投顾公会委托台大教授所做的资料统计，台湾投信基金经理人异动频率十分惊人。这几年统计数据显示，平均每年有248只基金更换基金经理人，换算下来，几乎每1.47天（约35.5个小时！）就有一位基金经理人回家。也因为这种畸形的现象，导致有些人操作时往往不考虑长期稳定获利，只求短期把绩效冲高，自然会有别的券商来高薪挖角的投机心态。

当操作只想要炒短线,就不会去关注真正稳定成长的龙头股票,动辄把1/5的操作资金拿去炒作一些每天成交量只有不到500张的小股票,多头时账上获利看起来不错,一到空头就全部吐回去还倒赔。大家如果注意到台湾的基金有这些现象,实在不应该把自己的血汗钱就这样交给这些每天杀进杀出,比散户还散户的"专家"了。

买基金一定赚,是真的吗

那如果长期投资,定期定额投资能不能趋吉避凶?这在理论上说得通,低买高卖一定是赚钱的。问题在于,通常会想要投资时,一定都是周遭朋友有人买股赚钱,或是买基金赚钱,才会想有为者亦若是,而散户真的赚到钱的时候,往往离波段高点也不远了,例如台股8000~9000点附近。在台股6000点以下想要大举进场买股票或基金的人真的很少,所以一旦决定在高点来个逢高买进,那就惨了,不管买什么基金,单笔买铁定大套牢,即使定期定额也是五年十年都回不了本。例如基金经理人去买到几年前700、800元的广达,现在跌到50多元;之前威盛当股王的600元高点,现在不到30元;十年前红极一时做光盘片的铼德300元高点,现在不到8元。这样的例子俯拾即是。

去找找杂志或网站上,表现比较好的基金的排名,看这些基金遇到多头和走空头的差别就会知道了,多头时有些基金一个月赚五成,很厉害,但是等到空头时却是腰斩再腰斩。

而大家应该都是看到大涨才去买的，也就是说别人已经赚了五成，你才跳进去，刚好就被腰斩。所以买基金一定赚的说法实在是很不负责任。

为了证明我说的是真的，我把之前写的文章找出来：

2007年9000多点时，很多人问我该买哪只基金，我总是回答9000点以上应该采取的动作是获利出场，而不是逢"高"进场。人们总是不相信我说的话（我猜其实许多人并不是要问我的意见，只是希望我赞成他们的意见），于是我去MoneyDJ理财网——基金频道找了数据给大家看。

MoneyDJ理财网——基金频道上有98只台股基金，其中46只三年来报酬率达一倍，约占一半。看起来还不错，唯一提醒大家的是，2004年大盘指数在6000点上下，现在已经9000多点，光是指数就涨了超过五成，股票涨幅超过两倍三倍的更是比比皆是。所以我们必须得以宽松与包容的心态来看，共同基金主打的就是稳健获利，赚不会赚太多，跌也不会跌太多，赚一倍算很不错了，我想所有基金投资人应该都很满意。

这样推导下去，可以得到投资共同基金能让我们大赚小赔，趋吉避凶，长期投资可以致富……投资人与共同基金从此过着幸福快乐的日子。

咦？等等，我们忘了一件事，我们只有检查基金可以在多头帮我们趋吉，忘了检查如果买进的价位比较高，可能不久就倒霉地遇到空头。号称投资风险很低的共同基金，到底能不能帮我们避凶？我想报纸杂志和财经节目会告诉投资人一定没问题的。

让我们回到2000年同样是9000多点那时……

先看绩效排名第一的日盛上选基金。如果你在2000年9000多点去买，净值约在20元左右，然后一路套牢，大概在2005年底到2006年初可以解套。也就是说，第一名的基金会让你住六年套房（见图—71）。

如果你没选到日盛上选，而选到中间第50名的华南永昌新锐星，很不幸地得等到2007年7月才解套。除了一被套就套很久以外，我们再来看高点买进跌到低点会有多惨。还是先看第一名的日盛上选，在2000年高点附近净值都在18～20元中间徘徊，跌下

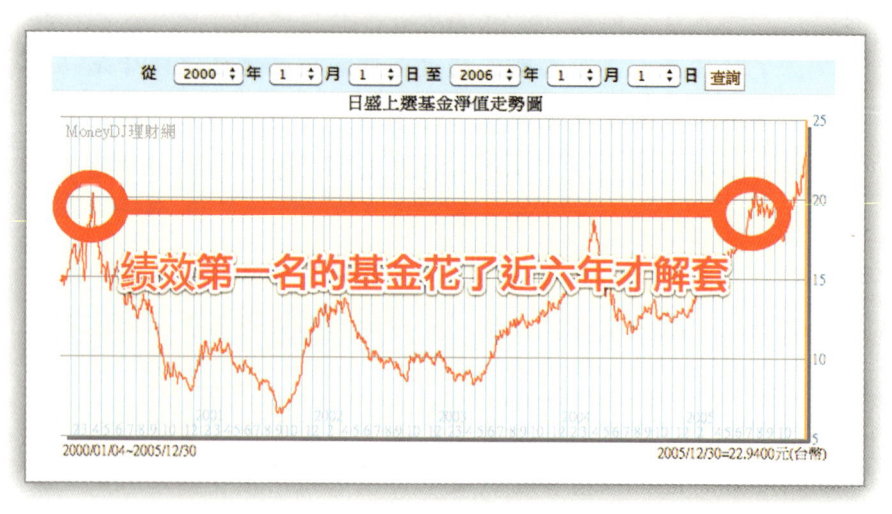

绩效第一名的基金花了近六年才解套

图—71

来到2001年的时候大概有两个月都在 6~7元左右。

剩下三分之一！（见图—72）

不是说基金比较稳健吗？不是大赚小赔吗？再宽松的标准赔到剩1/3也不能算小赔吧！别忘了这是排名第一的基金！其余的我想只会更差不会更好。

当然你可能会说，定期定额就不一定了，在低档一直猛摊平，成本当然比较低，到了9000点以上应该会赚一些。不过大部分投资人并不会在高点出场，电视上的投资专家总是说要长期投资，不要胡乱出场，所以等景气反转大盘掉回6000点以下时赚的应该又还回去了。当时大盘在7000~8000点以上已经盘整了一年，投资人持有的成本被迫垫高，最后等于白忙一场，定期定额

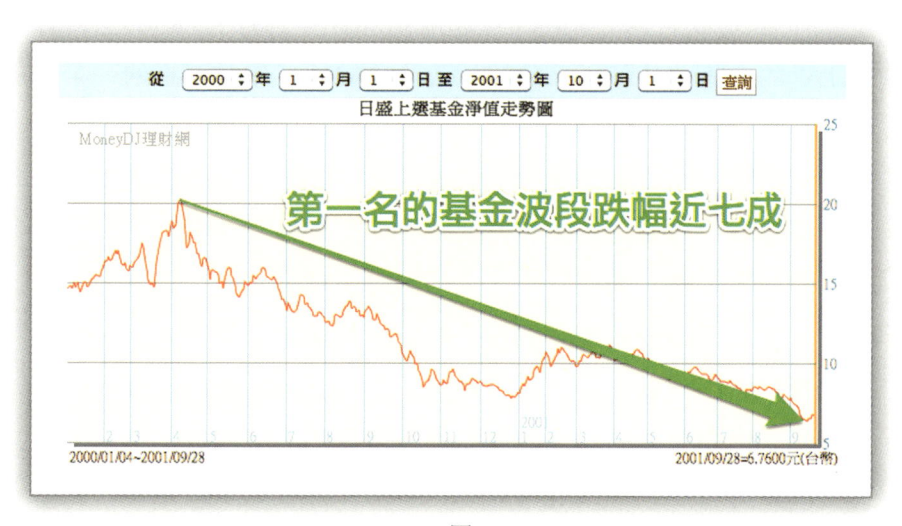

图—72

效用只在强迫储蓄罢了。

所以别再相信没有根据的谎言了。千万别心痒痒想在9000多点大笔投资基金，风险绝对比预期利润要高太多太多了。如果之前低档有投资的，高点附近切记要找个黄道吉日赎回一下，等到大盘真的跌下来再重新进场会比较好。

结果那篇文章写完没多久，就遇到2008年金融海啸，我们再来看看第一名的日盛上选表现如何：

如果在2007年7月买进，成本应该在41～42元，一年后的2008年10月，净值大约跌到17元，所以大概赔掉60%。提醒大家，这是绩效第一名的基金，如果你运气没有这么好，能从上百只里面挑到第一名，很可能赔得比60%还要多很多。如图-73。

而且2008年年底从4000点起涨到2010年7月的近8000点，日盛上选的净值才从17元涨到22元，恰恰突破三年前高点的一半。所以基金真的是长期稳定获利＋风险小的投资工具吗？我不这么认为。如图-74。

难道就没有好的选择吗？理财教育都是骗人的吗？

倒也不尽然，要买基金，请买国外全球型基金。请上网找一年、三年、五年绩效都名列前茅的，不常换基金经理人，是不错的选择，然后重点在于，不要在这一年内已经大涨超过五成以上再进场。例如与标的相连的国家的股市今年涨了六成，那请不要现在急着追高，宁愿把钱先放在银行定存，等股市回跌修正两成

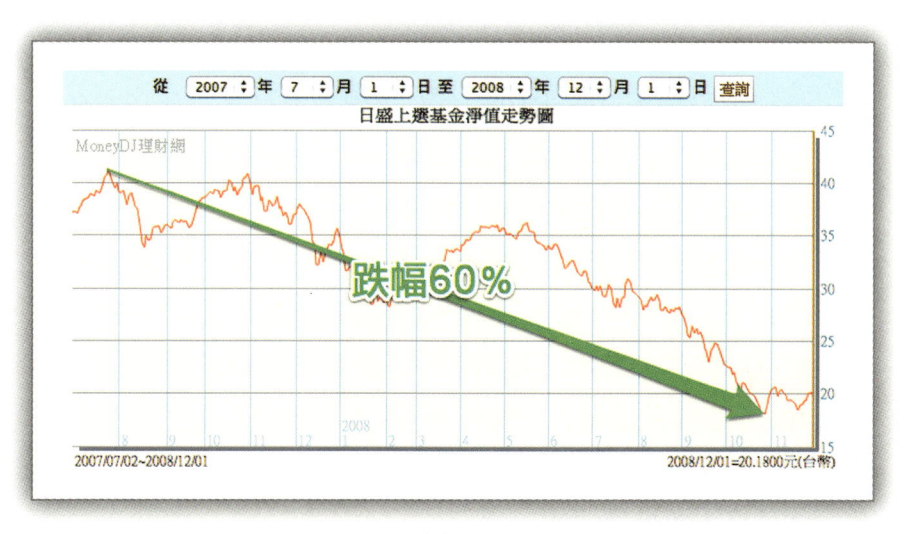

图—73

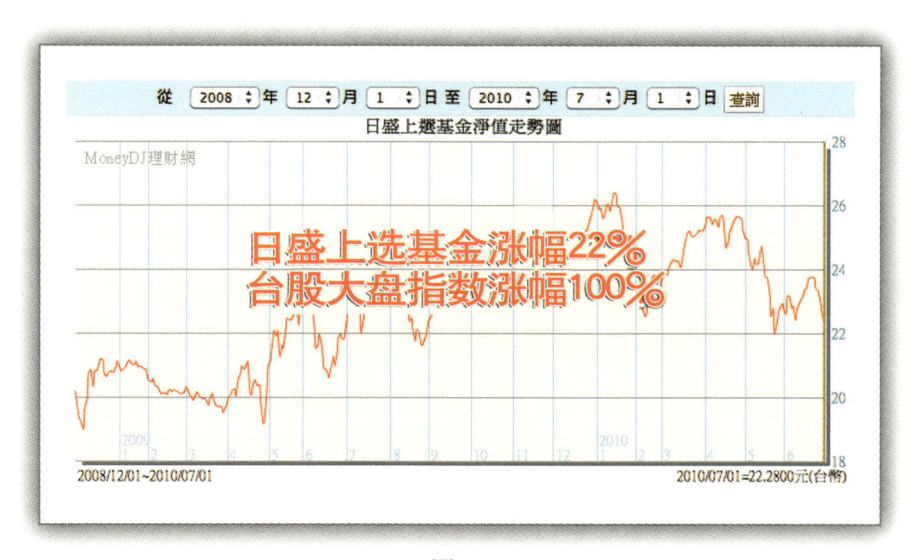

图—74

以上再进场。

目标年报酬率设定为10%左右，别预期过高，然后有钱就买，这样长期是真的可以赚到一点钱（10%是指单笔申购，如果是定期定额，报酬率必定会低于10%）。

对了，一般投资国外基金都会收不少申购、管理费用和经理费用，初次申购可能会收3%申购手续费，以后每年再收0.5%～1%的管理费用，除此之外，还要收2%的经理费用。如果以100万元资金进场，一开始就有6万元消失无踪，之后每年再收3万元的固定费用。所以提醒大家，别忘了要把这部分扣掉，才是真正的投资绩效。

结论就是，能够买得到的标的就不要买基金。例如台股基金就不要买。真正买不到的，像石油、黄金之类的才买基金。

虽然这是一般普遍的认知，但我还是不会这样做，原因很简单，大家都知道台股4000点算低点，可以放心买进，10000点算高点，最好小心保平安。那谁可以告诉我：巴西股市或印度股市几点算低点，几点算高点呢？

别说巴西、印度，即使是每天都会听到财经媒体在讲的道·琼斯工业平均指数，大多数投资人也不知道它大概的高低点范围在哪里。

你为什么能放心把钱投在一个完全不了解的市场？

许多人花两万多元买iPhone手机，都会上网做功课，开箱报告看了一二十遍，从售价、电信绑约优惠到软硬件功能，都要搞得清清楚楚才敢下手买；而投资海外基金动辄投入上百万元，甚至千万元的资金，却完全不做功课，不知道这项商品是干吗的？

你不觉得这个现象很奇怪吗？手机买错，大不了两万多元消失，投资基金可能没多久就几百万元不见了，这种投资人非常多。光听银行理财专家推销几句，根本搞不清楚买的是什么商品，就把老本全投进去，结果亏得血本无归。尤其是之前银行推联动债的全盛时期，大概每天都会发生上百起类似惨案。

股神巴菲特每次投资之前，都会彻底了解他要投资的标的，如果是要投资某公司股票，就会把这家公司从财报到利基产品，甚至经营高层个性都搞清楚；如果是投资商品（像黄金、石油、货币），就会把国内外所有影响这项商品的变量都考虑进去。所以他才能战无不胜，靠投资赚到几百亿美元及股神和首富的尊位。

如果你也很佩服巴老，每次看他传记都有种有为者亦若是的感觉，请学习他金融操作的方式和态度。起码不要完全和他反着做。

如果你真的很想投资国外市场，第一步请先做好功课再说，不然做台股比较安全，而且会安全很多。

最后提醒大家，要买国外基金，除了了解这个市场以外，还要了解这只基金是不是常换经理人，目前基金经理人的操作习惯，之前有没有哪些丰功伟业，最好都要先做过功课再说。

当然，也可以都不管，就直接用停损点移动法操作基金，那也不赖。只是既然都要用移动停损来操作，干吗不买股票算了?!

ETF才是最好的基金

我并不是看衰每一种基金，有一种基金就是我很乐意推荐买进的标的，那就是ETF（指数股票型基金）的台湾50（可以买的不只台湾50，不过我几乎都只有操作这档基金，这档基金的交易量也最大，所以在此只介绍它）。买进这种基金算得上是进可攻退可守，我就不详细介绍了，在此只谈买这档的好处。

① 不会倒，再怎么大的股票可能都会下市，但因为台湾50是把台湾股市中前50大成分股抓出来加权形成的指数，就好像美国股市里面花旗银行和微软同时倒闭，道·琼斯指数也不会消失，以台股而言，就好比台积电＋中华电信一起倒掉，台湾50还是能够活得好好的。

② 可以照着指数抓买卖点。台股长久以来的特性是以6000点当中心，6000点以上为高估，以下为低估，所以到了8000点以上是相对高档，到了5000点以下相对安全。进一步就是直接以6000点为基准点，6000点以上准备卖台湾50，6000以下准备买台湾50。讲得更清楚一点，6000点以下，每跌200点就拿一成资金来买，买到满仓为止，没买完就算了，等下次买；等7000点开始卖出，每涨200点卖掉一成，到卖光为止，没卖光就算了，等下次碰到再卖。就这样很单纯的操作，每年的平均年报酬率一定有10%以上。

③ 有配息。台湾50几乎每年有配息，虽然配得不算多，但在赚到价差以外还能有红利可拿，这也不错。

④ 因为台湾50几乎和指数同步，所以不会发生多头最大惨剧：赚了指数、赔了差价。只要大盘上涨，台湾50通常也是涨，有了这档基金当基本持股，可以确保起码操作绩效不会输给大盘。大家不要小看绩效超过大盘这件事，所有的基金经理人生平都有两大目标：第一，绩效赢过别的基金；第二，每年绩效赢过大盘。只要投资人的绩效每年都能赢过大盘，你的绩效就胜过90%以上的基金经理人了。

所以操作台湾50好处很多，是多头的必备基本持股之一。

结论：共同基金不能买，买了赔钱几率很大。唯一可以买、而且一定要买的就是ETF，它实在是投资理财必备的一种商品。

楚狂人语录

让每个人都能聪明而有效率地增长财富,提早享受财富自由。

楚狂人
股市投资
SOP

附录（摘自玩股网http://www.wantgoo.com）

- 网友心得分享
- 给网友的一封站内回信
- 来自台湾出版社的公告

网友心得分享

摇滚猫咪：最新这本主力作手加上次那本SOP，都已经看两遍了。每天都摆在我的书桌上，当教科书研读。当初联考时，也没这么认真 k 过书呀！

Sue：我买过很多投资的书，包括胡立阳的决战100招&50招系列，当然胡立阳也是很厉害，但是我觉得楚大（网友对楚狂人的昵称，后同）的这本书，是我受惠最多的一本。因为在书中我终于弄懂很多的观念和名词。楚大是很资深的股市投资人，能把自己的投资经验转化为谆谆教诲的秘诀提醒我们。

王先生：楚大两本书我都买了，真的受益良多。对我这个初学者而言，它纠正了我很多错误的观念。我也看了坊间一些技术分析的书，但就是没有楚大的易懂。尤其是楚大的书中列举了大量的案例再配上彩色线图，功效超乎想象！

匿名：我是一个资浅&保守的投资人，我要的不多，只是想投资时能趋吉避凶就行了。看了楚大的前两本书和近期这本后，让我心里更笃定如何看讯号退场，何时是适当买点，也更踏实更有安全感了，期望楚大一段时间后能再继续出书分享你的宝贵经验。

Tim：（主力作手）我翻完第一遍，现在又在翻第二遍，又搭配SOP一起看。在很多时候，帮了我一把。楚大的书我买了三本，包括《致富懒人包》《楚狂人投资致富SOP》《主力作手不愿告诉你的操作秘诀》。

权证苹果龙：感谢楚大的新作！其实让我获益匪浅的地方在于：坊间的书有八成都是教人如何买"多方"的股票。但就像楚大书中提到的："多、空其实有景气循环的，顶多就是夹杂着盘整。"也因此从大部分的书中都看到如何在多头时候投资。但学习楚大的新作以后，我获得了更多以前欠缺的观念，不仅可以明哲保身，甚至可以"苦中得乐"，在空头的氛围下依旧可以找寻猎物出手。

……

给网友的一封站内回信

早上心情很好。因为在玩股网接到一封站内信，上次在facebook也有接到一则讯息说，用了我的操作技巧，结果让他从15万（台币）本金赚到250万（台币），真是太赞了。

时常会听到有人跟我说因为我的书 or 投资课程 or 玩股网 or 网志，而让他们从亏钱到赚钱，从凭感觉买卖股票到能多空条件分析之后，冷静而理性地决定进出场点位，我会一整天都心情很好！

这就是我做这些事和创立玩股网的最终目的：让每个人都能聪明而有效率地增长财富，提早享受财富自由。

希望大家都能够从俺这里学到一辈子受用的投资观念和技巧！

——楚狂人

来自台湾出版社的公告

　　亲爱的读者朋友：新年好！十分感谢各位读者热烈订购《楚狂人投资致富SOP》注。该新书创下博客来网络书店一天销售近2400册的预购佳绩。博客来首刷预购书更于24小时内销售一空！出版社决定立刻紧急加印再版。

注：大陆版书名为《楚狂人股市投资SOP》。

（京）新登字083号

图书在版编目（CIP）数据

楚狂人股市投资SOP／楚狂人著.——北京：中国青年出版社，2012.9
（资本赢家系列）
ISBN 978-7-5153-1081-7

Ⅰ.①楚… Ⅱ.①楚… Ⅲ.①股票投资 Ⅳ.①F830.91

中国版本图书馆CIP数据核字（2012）第224011号

北京市版权局著作权合同登记章图字 01-2012-3783

责任编辑：方小玉（fxyuu@163.com）

书籍装帧：zhengmei正美
www.zhengmeiart.com

出版发行：	中国青年出版社
社　　址：	北京东四12条21号
邮　　编：	100708
网　　址：	www.cyp.com.cn
编辑部电话：	(010)57350503
门市部电话：	(010)57350370
印　　刷：	北京顺诚彩色印刷有限公司
经　　销：	新华书店
开　　本：	700×1000　1/16
印　　张：	12.25
字　　数：	120千字
版　　次：	2012年12月北京第1版
印　　次：	2012年12月北京第1次印刷
定　　价：	45.00元

本图书如有印装质量问题，请凭购书发票与质检部联系调换

联系电话：(010)57350337